外遇森林

律師的婚姻哲學

鄧湘全 著

目次

多元面向論述外遇的一本好書

台大法律系教授　李茂生

學棣又寫了一本書，這回寫的是有關出軌外遇的事務。出軌的定義非常模糊，有精神出軌、肉體出軌，也有婚姻關係中的出軌與非婚姻的伴侶關係中的出軌，總之就是違背常軌、脫離既定軌道的行為。本書所論「出軌」，則限定在婚姻關係中的外遇問題。

現在世界各國幾乎都已經將通姦除罪化，但是少數國家，例如我國則還是保持了通姦的刑責，而且也沒有將「姦」這個法律用語改成較為寬鬆的「性交」一詞，再加上一些年輕世代的法官對於通姦的嫌惡感已經和老一輩的法官有所不同，所以縱然大法官解釋仍認為通姦罪的規定並沒有違背憲法，在一些判決中已經可以看見極度的限縮解釋傾向，有時令人會心一笑。但是同時，通姦會不會成罪一事，竟然是看承審法官對於婚姻價值的既成概念而定，法的安定性早已消失無形。

通姦罪的存在與適用早已無法威嚇通姦者與相姦者，甚且也無法讓一般人透過司法的有罪判決而確認這個法秩序的存在或感受到其價值。然而，通姦罪這個刑法規範還是存在，也還有很多人認為應該繼續存在。為何會這樣？

本書與其他著作不同，並不直接地去批判通姦罪的荒謬，例如法不入家庭、刑法不能修復破鏡等，而是更迂迴地去討論「出軌」的原因與防制之道。簡單而言，出軌的原因不在於忠誠的破壞與性道德的違背，當然其防制之道也不在於刑法的威嚇。

婚姻與出軌其實是一物的兩面，之所以必須非難出軌，甚至於將私密公諸於世，原因不外是想強調婚姻中忠誠的重要性，以及正常性道德的存在，然而這會造成二律背反的情形。亦即，婚姻的忠誠與性道德的重要性，必須利用非難違反此二者的事例來加以證實，一旦有了違反的事例，則忠誠與道德立即受到破壞。更直白而言，為了要證實忠誠與性道德的重要性，我們必須不斷地揭發甚至於刺激出軌的情事，一旦沒有了出軌，或對出軌不採取非難的態度，則忠誠與性道德也會蕩然無存，進而以此為核心的婚姻制度也將崩壞。

然而，這種二律背反、相生相成的關係難道就無法打破？雖然這是個很難回答的問題，但是若以婚姻制度的重要性而言，總不能說放棄這個制度，那麼這種糾結就可以解開了。在維持婚姻制度的前提下，作者建議回歸人際相處的根本，也就是說不要將婚姻放在前提上，而是去深度觀察親密的人際關係的根本，如果可以在這個人際關係中尋到自我，並且發展出互相成長的關係，那麼出軌的現象就會消失。這種的答案或許與班雅明在暴力論中所討論的議題相類似，亦即在護法暴力與創法暴力相互糾結、抗爭與共生的情形下，若欲斷絕這種的無限循環，或許尋求一種純粹的力量才是關鍵所在。國家、政治與法律的問題非常複雜，同樣地婚姻制度或夫妻關係（或伴侶關係）也是非常複雜，縱或可以尋出純粹的力量，也未必能夠解決問題，但是至少這類的努力，可以在下次的循環的開始發覺到新的不同，對於所有無限循環的事務，可以添加新的要素，拆解婚姻制度，然後賦予新的意義。

總而言之，學棣的這本書有很多的面向，不一樣的人看會有不一樣的感受，大家可以透過這本書，不是去理解作者的意思，而是去理解自己。

因為相信自由自在？

世新大學性別研究所教授　陳宜倩

作為研究性別與法律的學者與「令人頭痛、麻煩」的社運倡議者，我推薦這本書的理由有兩個：第一台灣讀者迫切地需要這本書，我們需要以「自我」出發且回歸自我觀點，而不老是訴諸「家庭」道德勸說的討論通姦除罪化的書。第二是台灣通姦罪討論向來缺乏男人觀點，一項大量由男人參與主導的活動但少有男人膽敢表達意見立場。鄧律師自稱是「俗仔的保守的進步主義者」，在今日台灣，個人覺得已值得表揚，值得大家買書、讀他的觀點、然後與之進行論戰。

自我能吃嗎？

台灣人每天幾乎是照三餐被餵養一些政治人物、商界大老、演藝人員、大法官、形象清新學者等等通姦相關新聞，大家喜歡浪費時間看熱鬧談別人的是非。其實早在鄧律師與我在台大法律系就學期間，通姦除罪化已是法學界學者共識，但為何二十多年過去，婦女新知基金會仍舊倡議通姦除罪化，鄧律師剛寫了一本通姦除罪化專書，而我仍在這裡寫書序？起碼我一直記得也同意當時黃榮堅教授所言：「法律無法規範人的思想與感情」，而以刑法處罰婚姻外性行為就是這樣一種類型，超出了刑法以刑罰為後盾承諾人民能做得到之範疇。不過，台灣社會普遍不理解「除罪化」的法律意義，當然也不可能同意這樣的主張。此外，除了法律論理，還有什麼阻礙了我們的思考與行動嗎？

對於法律人而言，通姦除罪化的主張乃是關於自由、平等基本權利的討論與最終踐行，但大部分台灣社會民眾聽到的、理解的是「通姦是錯的啊！你現在除罪就是告訴大家，通姦是沒關係的啊？明天大家都會去通姦、家庭還能存在嗎？」大家直觀理解地是民間習俗道德規範上對／錯的觀念，其實混淆了法律規範與道德規範兩不同系統的功能。

在這世上行走，本來人們就要接受許多不同形式的強制規範束縛，宗教、文化風俗、道德、法律等等，要記得：內化了的強制規範永遠比外部的強制規範來得強悍、不易解構，法律與道德規範雖有關聯，但畢竟有各自不同的思考路徑與作用方法，必須正視它倆的不同。當台灣逐漸走向憲政民主法治國家一途，雖然崎嶇艱辛但是我們已在路上，需要的軟體配備卻尚未齊全，一位從事實務的律師，因此企圖用簡單的方式書寫，企圖散播一些可能讓台灣社會在通姦除罪化稍微軟化的種子，讓我們在追求民主自由這條路上有更多可以使用的軟件。這位實務律師對於人世間出軌的觀察，從「自我」角度出發，進入「婚姻」、「愛情」、「道德」、「刑罰」領域，最後回歸「自我」。從自我認知到自我選擇，他認為不論是婚姻、愛戀、道德，其實都是在找尋自我、確認自我形象。他提問：人與萬物關係，不都是如此嗎？終究要回歸自由的觀點，人不就應該「自由自在」的活著嗎？

我喜歡鄧律師的森林小徑譬喻，我也屬於那種喜歡自闖小徑偶爾迷路但覺得只要把握向陽方向走去，迷路不可怕，是屬於我的心酸、我的悲傷、我的快樂體驗，無人可非難，也不必理會別人非難。但我好奇的是，鄧律師看見了在台灣有些人比另一些人更有條件能自由自在的活著嗎？

缺席的男人說法？

女性主義書寫不論中外一向不吝於對「婚姻外關係」表態，不管是理論論述或者自我揭露書寫，澳洲教授 Lauren Rosewarne 在 *Cheating on the sisterhood* 一書中自述作為第三者的經驗，提出女性主義問題與答案，如果三方關係人都是女性主義者，大家是用如何之女性主義理論詮釋自己的經驗，精彩絕倫。最靠近我們的中文書寫可說是香港大學社會工作及社會行政學系何式凝教授《何式性望愛》，自揭與有婦之夫長達十多年關係，勇敢探索關係裡的不同可能性。台灣女性主義學者與民間各式各樣婦女團體也有許多精彩的論辯，支持反對不一，持續地有許多豐富論點，絕不是法務部長官們一廂情願地認為國內婦女團體不支持通姦除罪化。

台灣通姦罪討論向來缺乏男人觀點，除了「我犯了天下男人都會犯的錯」這種將男人簡化為無法思考學習之半獸人陳述，是獸乃強調其乃因自然生理需求，是人是因事後找藉口、偽善乃人性。嚴格說來這只是一種說法。一項大量由男人參與主導的活動但少有男人膽敢表達立場，也算是奇事。

通姦罪在台灣根本是阿北老梗，不是說女人不在其中，事實上依據目前刑法對於通姦之定義，為異性伴侶限定，如有一萬個男人通姦，就會有一萬個女性相姦者或更多，且最後案件落幕都會由女人總的來出面收拾，開記者會澄清、含淚原諒也好、獨自接受刑罰入監或被判近三百年自由刑登上國際新聞等等。「阿北老梗」是因為總是由男人信誓旦旦強調「自己是愛家男人」堅守傳統家庭價值，然後出軌。總是一個男人有三四房，各級法院每天上演的爭產大戰，嚴格說來大都是通姦行為的後果。

在台灣性別化（gendered）之社會經濟結構下，兩人一組一起從事的行為，配合客觀性、性別中立（gender neutral）的法律條文（事前同意或事後原諒配偶即不能告訴），阿北阿公們能在國人面前公然通姦且全身而退之機率比起一起行事的女性可說大得多。對於台灣男人而言，現行通姦罪的存在究竟是枷鎖還是指揮伸縮棒？我個人是覺得很神奇，台灣人要如何催眠自己？怎能相信通姦罪是為了保障家庭與性別平等？

一位刑法專家擅長的本是「刑罰」，也應是此書核心，就是「刑罰除罪化」，然而鄧律師自承法律枯燥無趣，刑罰部分變成本書最無趣卻又最滑稽之處，這樣的寫法與通姦刑罰本身存在同樣嘲諷著人們。他認為關於愛情與婚姻，從自我認知到自我選擇去看待出軌，較能完整看清自我自由決定之真相，至於道德與刑罰，完全無用武之地。他藉此書寫，期待尊重、包容、人性、自我的觀念，得以隨著台灣文明發展而開展，讀者得以重新思考自己的立場。

「我（重新）思，故我在」啊，總不能老是引述「祖先說」、「老師說」、「爸媽說」，如果一切毫無理由的遵循古法，那台灣可能要在原地踏步數千年了。在台灣內化了的性道德要遠比法律刑罰強悍多了，法律體系所強調的自由與平等得來多麼不易，以家庭集體生活為慣習的台灣日常，其中個人，不分性別，但特別是居經濟社會弱勢之女性，經常要為了家庭與社會表面和諧而委屈求全、勉強生活，鄧律師這本形為通姦除罪化，實為引領讀者之追尋自我之旅，特別值得期待。

作者序

這是一本探討外遇的書，不是教人如何外遇的劈腿指南。

理解自己是一件很重要的事，關於婚姻與愛情，更是如此。我希望透過感情世界裡的自我認知、心靈困境、欲望與愛情觀種種深入的考察，試著釐清現行的婚姻制度帶給我們的核心價值，以及我們應當抱持著怎樣的心態去面對婚姻裡的開放式關係。

婚姻外的性愛，文雅一點稱之為外遇或出軌，激烈一點的字眼叫作通姦；同樣看待外遇，立場不同，經常有天壤之別的看法。開心的當事者也許會說：「這是一場美麗的邂逅」；衛道人士可能會說：「這是一段不倫之戀」；當事者配偶經常說：「這是一對姦夫淫婦」；旁觀者總是感嘆地說：「這是一齣人生插曲」。外遇是一門很深奧的學問，本書雖無法探底，或可帶來異於傳統關於外遇善惡評價的觀點，以不同以往思考方向討論外遇，對於外遇的論述，希望能帶來新的視野。

人從出生開始，進入社會生活，逐漸失去了自由。當你／妳說外遇是你的自由時，你可能要承擔自由衝撞婚姻的代價，這時你會思考還能如此自由嗎？進入婚姻時，某種程度來說，你的自我與自由已經做了改變，你的另一半或許會說自我與自由的限縮，是雙方進入婚姻時承諾與責任，彼此都應該為愛情、婚姻作一些改變，所以外遇是絕不能碰觸的禁忌。更進一步說，外遇是違法的事。但是，沒有愛的婚姻使人絕望，即便如此，外遇依然是一種罪過嗎？只能說家家有本難唸的經。

對於外遇，我的一套看法如下：從人的角度出發，貫穿於愛情、婚姻、道德、刑罰，最後回歸於人。先要自我認知，瞭解自己，也就是人貴自知的意思，基於自我認知的觀點，去看待自我的愛情、婚姻，接著再去討論外在的道德、刑罰評價，若有涉及外遇與否之情形，終究由自我作最後的選擇。本書希望從人的角度出發，實實在在去看待愛情與婚姻，至於道德與刑罰的介入，是否洽當？這是值得為人夫為人妻為人伴侶，應該認真思考的。

人們常常在迷失自我的過程中，不斷的尋找自我；人們解開無數的枷鎖後，才能發現自我。我認為自然狀態下的生活，人們才能找到自我與快樂，在愛情方面，要瞭解另一半並非物體，不是被掌握的對象，也不是被占有的客體，儘管婚姻裡不可能要求無私的愛，但是平等與尊重，至少是很重要的事情，講起來容易但做起來很難啊！想要以婚姻忠誠來束縛另一半，這是不務實的看法，相信許多結過婚的男男女女，多能理解這道理。外遇不是基於破壞忠誠，而忠誠亦非不外遇的原因，經常的情況，利益的衡量才是很重要的原因。

你的內心世界，只有你自己知道，這就是出於自我的認知。關於外遇與道德、法律的關係，社會上普遍存在一知半解或錯誤的觀念，以致於認為對付外遇的人，用刑罰加以處理就可以解決問題。外遇這事，如果告上法院，這婚姻還維持得下去嗎？換句話說，其實可以更細緻的去解析外遇與婚姻的關係，就會發現刑罰與道德能介入的實在有限，究竟是自我選擇的愛，還是回歸人們的自我吧！

談及外遇或通姦，立於正宮、元配、小三、小王的立場，都會有不同的想法，如果僅僅是以談八卦方式來寫外遇，將只會有娛樂效果的價值。如果僅僅從法律的角度談通姦，實在過於嚴肅與無趣。所以，本書從淺淺的文學、哲學、社會學、法學角度，談談外遇這檔事，讓你會心一笑之餘，也能用不一樣的方式來思考外遇這件事。無論你未婚或已婚，關於外遇，盼你能有一套自我認知與選擇的觀念，也期待你能活出自我，選擇此生最美的愛戀與婚姻。

感謝洪國華律師、楊于嫻律師於本書寫作期間的腦力激盪及提供的協助，也感謝恩師李茂生教授、同窗陳宜倩教授為之推薦序。洪貞玲教授、范雲教授、林瑜雯系主任為之推薦，銘感在心。插畫家徐銘宏協助封面設計，讓本書增添些許藝術氣息；文學評論家銀色快手提供寶貝意見，讓本書的出版事務更為圓滿。我老婆阿布在文字美編及出版事務的幫忙，功不可沒，可說是本書的大功臣；人生旅程中的好友們，及對本書推展有所助益的朋友們，一切盡在不言中了。

一　自我認知

外遇的森林

沿著動物行走的草徑，踏往森林更深處，杳無人跡。草徑盡頭，蓊蓊鬱鬱，壯闊的綠意盎然，生機蓬勃。近看遠眺，盡是巨大的樹木，樹林下一片平坦的綠草地上，似乎是二隻大毛蟲不斷地在一塊墊子上扭動著，毛蟲伴隨著森林裡蟲鳴鳥叫的和諧樂章，渾然忘我的在合體跳動翻滾。純然的美麗新世界，這趟森林秘境之旅，彷彿能吸收到天地間的日月精華，芬多精不斷地從毛細孔鑽進身體裡，洗淨滿身的污穢與憂愁，滿滿的能量讓身心舒暢。

森林小徑不為人知的秘密

這次的野合，又讓你再度釋放了壓力，滿足肉慾的快感。森林裡都是動物出沒的地方，聽到放縱無羈的野性呼喚，這是大自然的造化嗎？

「沒有比隨著小動物的草徑走進森林的秘境，能得到更大的歡樂！」

難道，漫步在森林的小徑，走在人該走的路上，不才是正確的道路嗎？人們為了好好享受森林的靜謐，欣賞綠意盎然的奇木花草和異獸珍禽，好不容易披荊斬棘開出條路，走在那舒適的森林小路，不管是水泥路、柏油路，就算是碎石路、小土路，再怎麼樣都比你那一條不是路的小草徑來得好，好路你不走，何苦來哉走上這一段不是路的路呢？

「欸欸，講這什麼話啊？什麼叫不是路的路？它明明就是一條小路，一條小動物可以走的路。你們喜歡在馬路上看風景，是你們的事情，我就是愛在森林秘境裡，我歡喜甘願和動物同伴們站在一起看世界，這是我的自由。」

再怎麼說，這人走的小路也算是漫步在森林裡。在這條人走的小路上，一樣能享受著森林秘境的歡樂啊！

「說哪門子的話？沓無人煙又鳥語花香可忘情自在的地方才叫秘境，即便是在森林的小徑上欣賞風景，也僅止於森林的景緻，每次看到深山林境被開發，伴隨著便利的小路，一步一步破壞自然的森林，被這種小路帶去的地方，可不能稱之為森林秘境。」

算了算了，你就是找藉口躲到沒有人的地方，幹些見不得人的事情，然後講些什麼森林秘境、世外桃源、世界盡頭之類的話，反正也搞不清楚你們在那兒做什麼。帶著羞恥心生活，確實讓人辛苦，無懼世人的眼光，把惱人的羞恥心徹底從生命中掃除，你是這麼想的吧？對了，你們若是在那邊做愛，不怕被野獸咬屁股嗎？

「你是見不得別人好嗎？還是你沒野合的勇氣啊？故意詛咒我被動物咬屁股，你不知道動物都是我的好朋友嗎？誰會咬朋友的屁股呀！倒說說看。不在乎別人的看法，倒是真的，說沒羞恥心，卻也不盡然。人們只在意表象，從未深思自己的內心世界，沒能洞察真實的內心，才會一直墮落下去。以為在乎表象的羞恥心就能找到正確的人的形象，我呸。我更在意我的內心，若違背我的真心行事，我會覺得更羞恥。」

不去討論你的內心，內心的真假沒人知道，你愛怎麼講就怎麼講吧！可是，就算動物是你的好朋友，不會咬你屁股，不擔心森林閃電的轟轟巨雷，會打擊你們這些躲在暗處的不道德者嗎？

「又再說那什麼瘋話？人們只會製造些莫名奇妙的理由，想盡辦法懲罰我。什麼是暗處？不要以為陽光只會照在森林的小路上，你以為大自然只獨厚森林的小路，僅僅照亮小路讓人們安然歸途，卻讓秘境永遠像哀戚的怨婦般幽暗嗎？陽光一樣是會照在森林的秘境。誰在暗處？相對於我的光明坦蕩，你們才是見不得光，污濁的一群動物殺手。什麼是不道德？當你在荒島為了活下去的時候，你會吃掉你心愛的寵物、同伴嗎？你曾經在夜裡期盼你的前男友死於非命嗎？跑步競賽的前者跌倒了，你卻超越了他，你良心能安嗎？活著，我問心無愧。還有，我的自由不是你道德評價的客體。懂嗎？告訴你，你們這群人心才是邪惡的，你們才要小心被雷打到，閃電照亮森林每一吋土地，終究會發現你們這群衣冠禽獸，假裝有羞恥心，其實你們這群無恥之徒，才是應該被懲罰的對象，雷公會用力的打在你們身上，讓你們嚐嚐欲加之罪何患無辭的痛苦。天地自然對於萬物是沒有分別差異之心呀！一切都是公平的。」

森林秘境的幻想

說那麼多囈語，是中邪了嗎？愈講愈瘋，竟反過來講別人說瘋話，看你是迷失在森林的小路，你找不到回家的路了嗎？聽說深山裡面常常出現魔神仔，有時候迷失在森林裡，會被魔神仔帶到森林的最深處，一方面迷失歸途，一方面又被魔神仔的神奇魔法弄得暈頭轉向而迷失自我，在二種迷幻交互影響下，就這樣一去不回了。要想清楚啊！要想透澈啊！人，最怕就是迷失自我，搞不清楚是怎麼一回事，就會一直想不開，鑽牛角尖。

「天啊，連魔神仔都跑出來，這是啥事？我沿著小草徑走去我的森林秘境，享受人生，這種自我清新的感受，與魔神仔有何關係？在我的字典裡，從來沒有迷失二個字，淨講些夢話。當我想得透澈時，你們說我想不開；當我想不開時，你們叫我想清楚一點。搞什麼東西？人世間的矛盾，都是你們製造出來的，然後把自己塑造成人間之神，再把我從魔神仔的手中救回來，營造出救世主的形象，永世操弄著我，我就乖乖臣服在你們的腳底下，這不就是你們的目的嗎？說什麼不要迷失自我。我從來沒有迷失，是你們把我弄迷失的。再說清楚一點，你的自我不是我的自我，我的自我就是我的自我，不要教我應該要成為什麼樣的人，那個自我叫作『你』，懂嗎？這樣說得夠清楚了吧！」

看來，不見棺材不掉淚。你知道有人在等你回家嗎？你知道你的迷失會讓人擔心嗎？就算沒有魔神仔好了，就算不在乎被森林的野獸吃掉，就算不怕被捕獸夾給夾住，再沒羞恥心，你難道不關心等你回家的那些人嗎？小孩還在等你回家吃飯呢！你的另一半為你跑到森林秘境而哭泣不已，你忍心嗎？當初，你不是說要照顧人家一輩子嗎？你的愛跑那去啦？你那什麼狗屁道德觀，虛假自我論，全都應該丟到水溝去，還是你把人家的真心給丟到溝渠裡啦！你以為雷神真的不會懲罰你們嗎？講理，你還差遠了。你可以無情的拋棄另一半，但記住，你是有小孩的人啊，你忍心嗎？

「等等，先講小孩好了。你的意思，你的邏輯，是說小孩大了我就可以尋找森林秘境嗎？拿小孩阻止我尋找自己的桃花源，你這行為道德嗎？泯滅人性的利用人性，這樣對嗎？還記得侏儸紀公園那部電影裡頭一句經典台詞：『生命會自己找到出路的』。不要再拿小孩來嚇唬我，告訴你。問我愛情，我懶得同你說，這麼私密的事情，你能瞭解多少？我的愛是無限大，是永無止盡的。我的愛是空有的，你知道無垠的空間內的有嗎？我和伴侶間的愛，用群峰間飄渺的氤氳山巒來比擬好了，遠遠地好像看得著，近近的卻朦朧一片，你還能說些什麼，我的愛不足為外人道，你永遠不要再和我談愛，和一個不懂愛的人談愛，只能說是夏蟲不語冰，更玷污了愛。」

無話可說了，你就是出軌了還是有話可說。總之，正道有路你不走，你就要出軌，是嗎？森林秘境真的那麼歡樂嗎？好吧！下次同你一起去看看。

「就說是傻瓜，森林秘境的一切都是我的幻想，還當真呢！」

出軌與瘋顛的關係

綜觀人類偷情史，似乎沒有什麼力量可以阻止偷情的發生，就算刑罰也是無法抑止偷情，歷史上的經驗給了最好的證明。一位丈夫懷疑三十歲的美女議員綠雲罩頂，美女妻某日在汽車後座與丈夫車震時，丈夫竟然引爆炸彈，同歸於盡，這是俄羅斯的故事。律師和一名已婚女助理來這麼一腿，女助理的先生跑去把律師的小雞雞給剪了，這是日本的故事。婚外情主角相約自殺的事件，這是世界上各個角落都曾經發生過的事，類似情節經常被當作文學的素材，渡邊淳一的《失樂園》只是其中唯美的殉情寫照罷了。

重新檢視婚姻內愛的本質

既然如此，已婚者為何還是冒著不計代價的後果，前仆後繼的衝上激情外遇的戰場？多因論提供了簡單的解答，仍然未給予讓人明晰的答案。進一步來說，人關於自我的認知以及對伴侶的愛，決定了婚姻的看法，也影響了外遇發生與否。至於外遇乃偶然一見鍾情的邂逅，或是導因於婚姻的幸福與否，都不會是重點。再從不倫的角度觀察，就如同尼采在道德系譜學所說的：「讓我們下結論吧！……好／壞，善／惡已在地面展開可怕的戰鬥，並且持續了許多千福年……」。自我認知及對伴侶之愛，是關鍵的因素，或有提及馬塞爾（Gabriel Mercel）以愛為出發點或是核心的形上學觀點，來解釋或說明婚姻現象。然而，這是很奇怪的事情，愛固然是重要的，但在婚姻的作用裡，更重要是自我及與配偶關係的交互作用，組成婚姻生活，若以愛為名就認為可以解釋一切，那是詭異的謬論，像是只要披了愛的論述就會變成無敵鐵金剛。況且，所謂伴侶或配偶之愛，重點是在意、關心、體諒對方，文字上僅以配偶之愛為名，這種在意的關係，是尊重彼此個人的主體性，實際上並非以愛為名，對婚姻現象作觀察。

再來看所謂理性之愛，佛姆洛哲學研究卓然斐成，就算有人說他是人本主義的哲學家，仍然對他區分真愛假愛、理性之愛的說法，表達不予苟同的看法。在許多以愛為名的前提下，又對於愛的定義或感受，言之鑿鑿，用理性之愛來解讀婚姻，儼然愛是理性主義下的產物。人們都知道，愛被歸類於感情、感性的層面，再怎麼說都難以用理性的觀點來詮釋愛的本質。換個方式來講，婚姻內愛的本質為何？或者說愛是什麼東西？其實，關於外遇而言，婚姻內的愛並非決定性或關鍵性的因素，人可能有好多的愛情對象，同時間的多段戀情，像是同一光源的多道光束，射向不同邊際，互不影響，光束的方向由光源的自發與其他因素決定，不是由另一道光束決定的。但是，請不要誤解愛情專一的重要性。

假若消滅出軌行為是主流意見，婚姻的愛並不能作為消滅出軌的利器，那火力強大的利益主義是有效的武器嗎？當以利益衡量為依歸，以婚姻經濟學的角度，為人們分析出軌的代價，或許理論上會減少許多出軌事件，可是人類偷情史對於這種觀點，無疑狠狠給予一記重擊的悶棍。老子的《道德經》早就說過「民不畏死，奈何以死懼之？」如若愛江山不愛美人的愛情經濟學觀點可以成立，犖犖大者文學藝術都將銷聲匿跡了。現實生活案例，確實諸多婚姻結構因為外遇而改變，以致人們視出軌如洪水猛獸。細究婚姻的功能，於家庭、婚姻發揮的淋漓盡致時，外遇對於結構的改變，影響是有限的。

理性自我的婚姻經濟學

婚姻經濟學，於此意涵是說加諸過多的成本，並不會為婚姻帶來更多的利益或是幸福，外遇就是這樣的成本。因此，無論用經濟學的何種角度分析，都不會認為出軌是件好事情，這點與經濟學以人是理性的動物為前提有很大的關係，更與理性道德觀是互相呼應的。然而，教育人們省掉這種無謂成本才能有幸福的婚姻、快樂的人生，就能達到阻卻外遇的結果嗎？人們理解感情這種東西本來就如人飲水、冷暖自知，完全基於個人感受，外人沒必要品頭論足，可是偏偏在外遇這件事上，又喜歡用說教的方式，達到統一教化之目的，往往失敗收場。

天雷勾動地火，人在其間，情慾或性衝動油然而生，這不是天時地利人和嗎？這不是自然之道嗎？以此觀點而言，似乎鼓勵自然隨性之愛，其實不然。自然世界下的人們，如此渺小無知，追尋自我存在價值的過程，逐漸認識自我，靈肉累積各種可供使用的資訊，於認知中作了選擇，這是接近理性的判斷，才有可能產生理性經濟的決定，若在無知中所為的選擇，好似浪漫真愛的外遇情節，在統一教化說教的策略中，能夠指引人們一條光明之路嗎？無知的愉悅是人們嚮往的，因為已提早抵達智慧的彼岸；追求知的過程是會愈來愈痛苦，卻是朝向智慧之路前進，如此一來，知與無知最後乃殊途同歸。

現在的人們，從出生伊始就已經開啟知之大門，甚至打從娘胎起就開始進行胎教了，這是自然與文明交織無法避免的一條路，想要回到純真的無知，已無可能。於此脈絡下，可以發現天雷勾動地火，絕非當事者突然立處的天地之間所發生必然現象，燃起性愛之苗，姑且不論理性與否，至少出於自我的決定，才會一再強調自我在出軌事件，是多麼的重要啊！後面，會對自我與出軌作進一步的討論。

既然回歸自我，觀察激情與自我的關係，將是很重要的。

激情譫妄無理性的逸出常軌

激情，催化了出軌。傅科（Michel Foucault）在《瘋顛與文明》一書，對於激情與譫妄有精闢深刻的描述，雖然是對於瘋顛的論述，但是比較觀察後，會發現激情、譫妄、出軌、外遇，竟有那麼綿密的關聯性。前書內容提及：「在激情的作用下，在激情的對象出現時，元氣根據一種空間設計而循環，分散和集中。這種空間設計批准對象在大腦中的軌道和靈魂中的圖像，從而在身體中形成一種激情的幾何圖形。這種圖形僅僅是激情的表達轉換。但是它也構成激情的基本原因基礎，因為當全部元氣聚合在這種激情對象周圍時，至少可以說是聚合在它的圖像周圍時，大腦就再也不能無視它，並因此而服從激情。」當然，原本的論述，是在討論激情與譫妄、瘋顛之間的關係，並謂瘋顛的可能性也隱含在激情現象之中，這大腦服從激情的看法，同樣也可適用於外遇。

傅科認為古典主義關於瘋顛的最一般簡單的定義就是譫妄：「這個詞 delirium（譫妄）是從 lira（犁溝）衍生出來的，因此 deliro 實際上意指偏離犁溝，偏離正確的理性軌道。」如果不瞭解激情、譫妄的歷史成因及社會的區隔異化，在這種觀點之下，可能會認為外遇、出軌也是「偏離正確的理性軌道」，而是瘋顛、譫妄的現象之一。前述傅科就古典主義關於瘋顛的論述，主要還是用於正道與出軌的觀察，此為正確的觀點，還是反諷或省思，沒有答案。不過，如此一來，當害怕被歸類於瘋顛之列而有被禁閉的可能時，還會出軌嗎？

人類偷情史告訴我們出軌是不會被消滅的，只能說特定的社會氛圍下，民眾對於出軌的看法及影響力各不相同。以泛道德批判的簡單方法來處理出軌事件，無濟於事，瞭解這樣的觀點，會發現因自我在激情催化下，走進外遇的世界，其間酸甜苦辣滋味，只有自己知道，這種逸出「常軌」的行為，假若是譫妄的一種現象，從傅科的觀點來看：「雖然瘋顛是無理性，但是對瘋顛的理性把握永遠是可能的和必要的。」或許能找到些微答案。一般對付瘋顛的方式就是禁閉，但這種只有懲戒目的之行為，真的能解決問題嗎？禁閉的隔離只能帶來永無止境的疏離，未來，就代表著無際的邊緣化。隔離與出軌相關一切事務，以為能夠從禁閉中找回認可的自我，用理性的結構走向預設的自我，如此看待激情，終歸徒然。

外遇的枷鎖

忽略掉生而為人的生物性特徵，沒有考量人的複雜心理層面，未能察覺人於社會化後的多樣面貌，忘了人類隨著歷史演化過程的一切，只針對規範面向來考察人類婚姻內外關係，如此一來，婚姻有道枷鎖，外遇有道枷鎖。誰鎖著誰？誰又被誰鎖著？是一種鎖著的關係，還是一種關係被鎖著？已無關緊要。這道枷鎖緊緊的鎖住了婚姻內外的關係人，像是被緊箍咒牢牢的束縛著，想要逃離的力量愈大卻束得愈緊，停止不動，只能等待著時間的消逝，唯有時間才能解開這道無形的枷鎖。

封閉在思考框架之中自由不可得

人們愈想要在婚姻內或外得到自由，絕對別想要透過法律或道德的規範，內省自身才是正道。瞭解人類在生物性、心理性、社會性、歷史性的變化中的本質或特質，有了知的力量，人們才能較清楚看見內在的自我，從內在的省悟得到行為的準則。當然，人們一直無法成為尼采眼中的超人，可以這麼說，其實人的意志及各方面是很弱的，才會要求法律、道德規範，藉此成為穩定社會的的力量。當法律、道德的力量愈發強勁的時候，社會的脆弱性更顯而易見。人們既無法透過自己的力量去好好的生存，束縛是無法避免的，卻不斷用大聲公傳揚民主、自由是人類進步社會的發明，這種口口聲聲的自由論，無疑是欺騙自己、欺騙社會大眾的手段罷了，外在道德律的違反，與原始的主張完全矛盾，不論是有意或無意，就在如此無盡的循環下遮蔽了心、掩蓋了智，繼續想像著人類的社會進化論。

簡單來說，我們都不希望被狗鍊一樣的鎖住，我們渴望自由，就算是宅男、宅女，也會透過網路嚮往虛擬般的自由。同樣的，對婚姻的期待，雙方從締結良緣起始，若是不瞭解自律與他律在婚姻中的角色或是份量，將無法從中得到欲求的快樂或自由，如同前述，反而加諸了第一道的枷鎖。更進一步來說，自律的重要性，是婚姻自由的第一要素，假若重新詮釋「法不入家門」此古諺的意涵，就會瞭解自律才有可能帶來婚姻自由的道理。

究竟是誰給婚姻套上了枷鎖？

再來看外遇的問題，就算在婚姻自由中的強者，還是有可能被外遇的枷鎖給綑綁住，更何況普羅大眾多屬心智上的弱者。所謂婚姻外遇見的人，帶來無比的歡愉，以致讓婚姻內的男男女女爭相偷情，這符合人類的生物特性，不過，又無法從社會進化的道德或教育得到正確的答案。為何會說無意於被外遇的枷鎖給框住，必須解開這第二道枷鎖呢？重點還是在於內心對於自由的渴望，無法瞭解這層意義的人，永遠會如同被困在象牙的高塔，這座被封閉的高塔，沒有窗，沒有門，不見天光，不見日夜，人們如何置身於這座象牙的高塔中，竟完全無法理解，也無法自知，膽顫心驚油然而生，憤怒、失望、痛苦、心悸等等心理現象一一浮現，藥物是無法解開這枷鎖，可是現代臨床醫學及心理學的發達，總是認為透過科學的方式，終將會有解開枷鎖的一天。

再回頭檢視外遇的枷鎖，其實意指婚姻內外的關係人，都因為外遇這事給牽絆住，不論配偶或是外遇者，能夠徹底瞭解自由的核心意涵，將自然而然化解這無形的牽絆，依舊可安然悠游於婚姻世界。回歸自律與自由的關係，一直運轉不停歇的自律機制，自由源源不絕的接踵而來，毋論是否同意自我內省才能得到自由，至少，關於心靈的禁錮與身體陷於囹圄，有著同樣讓人發癲的痛苦，可能有一致的認同感。也就是說，對於另一半的期待，應該透過瞭解認知、個人的主體性，發現自我對於婚姻外的戀情的看法及具體行為，自我、他我的關係可以被看得比較清楚，在確認自我認知後，他我的關係也能有進一步的瞭解，自由與內在制約的種子開始萌芽，繼續照護好這微小的種子，使之茁壯長大，內省的功夫就會益發顯現，配偶之間不管是性關係也好，心靈的交流也好，都會呈現正向發展，當然於此所謂正向只是敘述上的一種用語，容有對負向稍許瑕疵的評價，正負間的區分，如何而來，終究無法劃出明晰的一條線。

一再強調內在制約才能帶來婚姻的自由，主要還是批判法律道德規範可以維繫婚姻的論述。本屬很簡單的道理，卻被蕪雜冗贅的無知給搞擰了，感情的事本身沒有道理可言，而法律是最講道理的，二者像是同時劃破天際的二道流星，很難有交會的可能性，可是人們卻相信兩道流星總有相會的一天，這樣婚姻就會幸福美滿。期待另一半因為害怕法律、畏懼於道德，所以不去違背婚姻忠誠的承諾，或是說就算沒有承諾，在相約成俗的世界裡，總會記起應該要對得起另一半而不要去外面偷情。我們應該瞭解「民不畏死，奈何以死懼之」的道理，想要用害怕、畏懼來控制一個人的愛，無異緣木求魚。就算感情事沒啥道理可言，但是至少就感情的世界裡，有人希望害怕與恐懼變成其中的調味料嗎？答案應該很清楚。用不自由來創造自由，毋寧是以為走向天堂卻朝著地獄前進。

渴望解開外遇無形的枷鎖，竭心盡力培養內省與禪定的功夫，或許能找到鑰匙。假若仍無法解開外遇的枷鎖，既係出於自由，且無畏於世間無益的律法，請用寬恕的心來看待外遇，也許在如此心寬之境，彼此都能找到新的自由。

自我認知與出軌

婚後外遇行為，是人類正常表現嗎？沒結婚時，能想像結婚後不外遇嗎？婚姻與外遇的糾葛，真像是一團解不開的迷霧。

從愛欲與道德約束中撥開迷霧

婚外情稱之為出軌，意思是離開婚姻的軌道。關於已婚者的性行為，目前多數看法認為只有在婚姻內的性行為始為正道、正途、正軌，佛法所謂八正道，也有類似的意義。不過，對偶爾買春或找牛郎的伴侶們，似乎不太會用出軌這詞。廣泛來看，人們對於出軌的定義，除了婚姻外性交，或多或少還要帶一丁點感情之類的行為，才會被歸類出軌。此外，單純心靈出軌那種柏拉圖式精神戀愛，帶著純純的浪漫情懷，人們也不太在意，所以常常是略而不論。心靈、精神與人的關係是看不見、摸不著，既深且遠，找不到盡頭，沒有辦法驗證，沒有證據可以證明，沒有辦法可以探知。所謂心有靈犀一點通，也僅止於有心人才能相通，局外人要如何知道他們通是不通？對於精神外遇這類問題，比肉體外遇難解得多，更是大哉問的申論題。

討論出軌，主要還是聚焦在婚姻的問題，如果出軌不會影響婚姻，可就沒什麼好討論的，就像吃蘋果或草莓，人各有喜好，沒啥好評論的，惟一旦出軌動搖婚姻的基礎，茲事體大。性慾的起心動念，進而實踐的過程，非一朝一夕所形成的人格特質，臨老入花叢做鬼也風流，更是如此。探查外遇一事，當然與個人的人格特質相關，何種人格特質會外遇，並無放諸四海皆準的方法。然而，不是一夫一妻制的古代，沒有外遇的概念，也就不會有出軌影響婚姻的問題了。

兩情相悅的感覺根源於性衝動

叔本華說：「兩情相悅的感覺，無論表現得多麼的超塵絕俗，都根源於性衝動。」多數的觀點也認為，該有的性慾表現尚屬正常，僅因羞恥感與倫理性因素，將生物性的性衝動包裝起來，以致於表面上安然無事，底下卻是翻雲覆雨暗潮洶湧。《自亞當和夏娃以來：人類性行為的進化》一書說得很好：「一旦人們懂得把性器官掩蓋起來，自然而然地人們也就學會了把性行為限制在隱密的場合。」現在的重點不在於性衝動的討論，人類不管再怎麼演化，從衣不蔽體，到用草葉毛皮遮住性器官，到最後用各式布料將整個人給包了起來，文化、文明所帶來巨大的改變，是古人難以想像的，但是生物性功能的特徵卻是沒有特別激烈的變化，這是古人可以理解的。就算人類像嫦娥一樣飛上太空，科技再怎麼進步，飯還是要吃，愛還是要做。許多才子多情的故事，其實多屬為了掩飾性衝動的溢美之詞，老頭兒張大千見到女兒張心瑞的好友徐雯波、康有為於近甲子之年西湖畔乍見少女張光，都是一見鍾情，再來就床上見了，真是與情何干？倒是信不性由你。

性衝動帶來的怦然心動，人們就解釋成黃昏的戀情，藝術大家在物質上的成就，與性愛上的功業，經常是成正比。張大千甚至有自己風流的一套準則：「沒有感情為基礎的女人，我不會與她親近。」真值得吾人深思。戀人的相遇，性本能進而發生兩情相悅，從邂逅到性交到持續交往，再重複的性交。到底先有情愫或是先有性衝動，已無關重要，重點是車子啟動，僅止於準備出發的階段，也不過是枕戈待旦，接下來要問的是，真的要出發了嗎？這才是關鍵點。決定催下油門的那股激情，如果持續發酵，後面要發生的事，已不是箭在弦上不得不發，而是萬馬奔騰擋都擋不住，套句文學家的話來說，不就是兩情濃得化不開啊！能理解這樣的現象，也就可以正面看待性本能，性慾不是只有發動於婚姻內的配偶，而是隨處隨機都有可能啟動的。既然如此，意志力、自我瞭解、性愛的限度、倫理道德的認同感，對於欲望的影響頗大，進而確認性慾的實踐程度，達到自我選擇，這才是忠實與責任的深層看法。對於性愛這種連自己都說不清的事，表象上的規範，無法達到制約或是預期的效果，所以老子才會說「其政悶悶，其民淳淳，其政察察，其民缺缺」，上有政策，下有對策，防不勝防。

自我認同與權力釋放帶來新的觀點

此外，過去討論性行為這件事，經常是與繁衍生殖連帶一起分析，以致於許多的性現象是伴隨著生殖而來，單就生物學的觀點去看性，繁殖關於性行為，占了重要的角色。不過，保險套與避孕藥等發明，繁殖與性二者間區分可以有了涇渭分明的界線，或者是說，享受性的愉悅不再帶有可能或必然繁殖的附帶效果，讓人們更容易去從事做愛行為，而不致於擔心交媾之後的後遺症或是併發現象。或許這樣的性解放，讓婚外情的事件，更容易發生，可是這只是其中一種看法而已。科技文明帶來的性解放，不是只有從這樣的觀點，可以得到決定性的看法，只不過少了繁殖這點影響力，可以這麼說，性事簡單許多罷了。

除此之外，不能忽略環境的時代背景與人的異同，會造成不同的觀點，這是時間與立足點所產生的現象。像中國古代婚姻倚靠父母之命或媒妁之言，西風東漸之際，多少文學家、藝術家對這種莫名奇妙的婚姻作反抗，以致於從現在的觀點來看，無可避免的婚外戀是值得同情的。所以說，可以把徐志摩與林徽音、陸小曼的婚外故事，拍成唯美的《人間四月天》。可是回頭再看，難道張幼儀就該倒楣嗎？重點放在突破傳統與現代愛情，徐志摩是值得同情的，不過，張幼儀為何不能突破傳統與創造現代愛情呢？她沒有如此之能量啊！權力關係的不對等，導致這樣的結果。若說誰才是值得同情的被犧牲者，相信答案是清楚的。

存在容易造成三妻四妾時代環境底蘊，沒有外遇這回事，尤其是十九世紀的浪漫主義盛行，助長了外遇行為，也美化了外遇這件事。大畫家齊白石遠在北京生活當下，元配未能相伴，不僅大度能容，還自做主張送個小妾給遠在北京的齊先生，那時先生已近甲子，小姑娘卻仍是二八佳人，齊白石在八十歲時還和這位小太太生了個小子，真是生殖與性結合的典型。很詭異的是，前面說少了繁殖要素，性事簡單多了，似乎助長了外遇的現象。不過，事情並沒有這麼單純。回溯古早醫療不發達加上生命短而易逝的那段歲月，農事或是勞動需要，人口繁殖就顯得重要，也就是說子孫多多益善的歲月，外遇是好事一樁。如今，少了繁殖的性，外遇的便利性增加了。這樣看來，繁殖與性事的關聯性，似乎也沒有想像中的大。尤其是因人而異時，更是如此，所以說，嫁給文學家與藝術家，外遇已是無可避免的結局，儘管還是有性樸素的文藝大家，那是自我認同與權力的釋放，或許才是典範，不過，文藝不就是破壞典範嗎？對於文藝大家而言，也許婚姻才是出軌，婚姻外類似動物本能的性交才是反璞歸真的正道。講到自然，多數人沒有性交反璞歸真的能力，只能透過禪修的方法，瞭解到心靈上反璞歸真，這就是普羅大眾的人生啊！

性慾是決定出軌的重要因素

回到性慾來說，此為決定出軌的重要因素。有人說男女性慾的強弱是和熟悉的程度成反比的，《阿伯拉與哀綠綺思的情書》說道：「婚姻是愛情的墳墓」。既然如此，又為何要結婚呢？排除愛情這玩意，從利益及經濟學的角度，結婚的好處是大於壞處，從自然的角度來看，陰陽相合是天地間的道理。每個人結婚理由，千奇百怪，也沒什麼好去理解的。性與愛情，在婚姻內的關係，像是水變成冰再化為水的轉換，只要相信本質沒有變，原初性與愛仍然是存在的。當激情的戀情，進入婚姻的世界後，常因為褪去的激情，讓人們懷疑婚姻與愛情真是沒有關係的二條線，這樣的看法導致對於婚姻的失望，也是必然的結果。

婚姻要永遠維持激情是困難的，就像人不會每分每秒都在快樂的狀態，甚至於快樂的時光，可能占去我們活在人世間的時光，比例上少得可憐。由激情轉換成溫情的變化，才會讓婚姻永續，前提是伴侶的內心還願意與另一半走下去，沒有什麼突然不愛你之類的奇怪想法。如果瞭解溫情在婚姻關係的重要性，就可以理解，婚姻關係內的性行為，不見得占有非常重要的角色。舉例而言，會發生婚外情的案例，與婚姻內的性行為開心與否，沒有直接的關聯性，甚至與婚姻內的相愛幸福與否，也沒有絕對的關聯性。也就是說，婚姻內的性、愛與是否會出軌，二者間是沒有相關性的，所謂沒有相關性是指外遇者是基於自身的一見鍾情或是乾柴烈火，並非導因於婚姻內的關係，至於婚姻內的關係存在多多少少影響，或論之為外遇者的起因源由，根本是一種藉口，甚至於可以說是胡謅的託辭。

對於婚外性關係，社會集團的觀念認為萬萬不可，卻千萬人吾往矣。外遇頻繁的現象，讓我們理解到，心裡想的嘴巴講的和做出來的，常常不一致。難道是大腿間的器官，就是這麼不聽話嗎？讓性器官聽話，是這麼困難的一件事嗎？是的，確實如此，尤其是對於藝術家或哲學家或文學家，更是如此。像這類非凡之人，若是多夫多妾多情人，人們會說才子佳人風流倜儻；如果是一般人幹了同樣的勾當，就會被認為是姦夫淫婦，怎麼會差這麼多呢？原來，人們已經習慣非凡之人，當有非凡的舉措，像是反璞歸真般，將原始動物性本能發揮的淋漓盡致，非凡之人的社會性，對於他們來說已經沒有這種重要了，更重要的是，倫理性或是規範的要求，對於藝術大家而言，是不適用的。創作的靈感，來自於本能的發散，耄耋之年的大畫家，初見一位明眸皓齒、水靈大眼、長髮飄逸、清秀美麗的小姑娘，動之以情愫，繼之以床上活動活動，對於這種明明是一看就想上床的行為，人們會說是一見鍾情；要是換作是垂垂老矣的流浪漢，同樣的行止，人們會說是老不修、死老頭、死老猴、死色鬼，絕不會說他是一見鍾情。從這樣的觀點來看，從男人女人，或是由配偶的觀點，去觀察外遇此一現象，假若有任何的價值判斷，或是套之以規範，或是倫理性的要求，想必無法得到統一的答案。或許，在某些情形下，人們會同情或寬容，甚至贊同外遇的發生，因此，人們很少聽到苛責張大千與畢卡索這二位多情男子處處留情的言論。

意志力與自我認同關於激情之性愛限度

在一本德國人寫的《愛、欲望、出軌的哲學》一書，講了很多西方哲人關於性、性慾、真愛的一些看法。不過，作者也沒說出個避免外遇的道理，作者只有在最後一章終於提到人們想要知道的重點：「本書的第七章，也就是最後一章，作用即在於喘口氣。到目為止，本書馳騁於人類的內在感受之中，疾奔過了種種贊成或反對出軌的條件。你是否在這裡或那裡發現了自己？你是性慾的動物？還是認真負責的人？你極度害怕出軌所帶來的後果？還是激情當下，對你來說，一切都無關緊要了？」其實上述的看法，隱晦下了結論，卻又不願意說明，頗有為德不卒不知所云之感。雖然這本書的最後，提到伊比鳩魯之隱逸生活的準則，以及適度的節制和個人尺度的建立有助於穩定的欲望，但是講得不清不楚，說要讓讀者自行決定愛情的哲學，沒有忠實與不忠實的立場，還是讓人覺得零散、不完整而有缺漏的哲學愛情觀，減少了對於讀者的助益，也許作者已預設讀者的立場。再談到哲學與愛情的觀點，似乎很難避免感情用事，只有經濟學家才會說人是理性的動物，哲學家關於出軌一事的看法如何？實在是天曉得啊！

文學家、藝術家關於外遇則會認為那是創作來源的動力，看起來立足點的不同，對於外遇會有不同的評價，已是無可避免的結論了，不過，大多數平凡人，既非什麼大家，也非什麼愛情哲學家。婚姻不是互相的占有，不需要婚姻也可以性交，不會改變人是單一自由的個體，但是康德先生還是說：「婚姻是二個不同性別的人，為了終身互相占有對方的性器官而產生的結合體」，這類性關係透過婚姻合法化的觀點，卻影響甚深，至少現今，我們凡夫俗子在一夫一妻的社會結構下生活，就算他律的錯誤規範是我們所厭惡又不得不同意的必要之惡。反而，在我們的成長過程，不斷的規訓及文化權力的框架下，逐漸自我形塑不出軌才是正常的樣貌，已然成形。

外遇不僅僅是肉體的享樂及欲望的實現而已，激情扮演了重要的角色，沒有激情的催化，性慾的訊息是無法送達另一方，沒有接收此訊息，就像是乾柴沒有遇到烈火，當然就燒不起來。激情是無法用理性去解釋的，那是一種心理現象，只有意志力及情境可以起決定性的作用。《情色論》的大師 Georges Bataille 巴代伊，他說：「二個身體如果沒有經過長時間的秘密探索與瞭解，媾合將只是膚淺、偷偷摸摸、亂無頭緒、其行為幾乎像野獸般、過於匆促且經常得不到預期的快感。不斷求新求變的口味可能有毛病，也可能只會帶來一連串新的挫折。相反地，習慣則可深化因缺乏耐心而不得要領的經驗。」不過，他接著又說：「唯有不倫之戀比法律更能帶給人愛情力量。少了偶爾不倫的脫軌，婚姻所維繫的深刻愛情還有可能嗎？」真是很弔詭的事，當然，巴代伊源於對古老的禁忌、宗教、理性主義等批判，提出放縱的觀點，必須全盤瞭解他對情色的看法，否則容易有片斷式的誤解，甚至產生南轅北轍的解讀。巴代伊講得很好的一點：「人類的情色與動物的性不同之處就在於它質疑了自己的內在生命。情色就是人類意識中，質疑自己生命的部分。動物的性也會造成本身的失衡動亂，甚至危及生命，不過動物自己並未意識到這一點。」這樣的內在生命，才是性慾最關鍵的點，性慾與情慾的糾葛不清，才是性愛最有意思的地方，否則僅僅於性慾的發洩，射精或是性高潮的小死之後，終歸平淡，會有種天下豈有不散的筵席般的落寞感，野獸不會有這種心理上的創傷，可是人類會有，這就是人類內在的生命。

回歸觀察婚姻與出軌之間的關係，把婚姻出軌當作是禁忌，討論踰越就是重要的課題。徹底瞭解禁忌與踰越的道理，當然有能力去決定出軌與否。巴代伊《情色論》的踰越一章說道：「每想到聖經中不可殺人這條嚴厲戒律後面，緊接著的居然是對軍隊的祝福與對天主的感恩讚美詩，我們就不禁莞爾。殺人犯居然毫不遮掩地緊跟於殺人禁忌之後！」所以他才會說理性世界所倚靠的禁忌卻一點也不合乎理性。尤其談到禁忌與踰越，巴代伊從戰爭與獻祭的觀察，說明「禁忌是為了被違反而存在」，例如殺人的禁忌世界皆然，但是禁忌並不反對戰爭。巴代伊認為：「禁忌至少是個門檻，跨過此門檻後才可能殺人，而戰爭則是對此一門檻的集體跨越。」想到就可怕，理性的世界所訂出的不出軌規範，竟可能存在自我毀滅的機制。當然，在此僅僅以許多不同的現象及世界各地的風俗，來說明理性與禁忌的有限性，讓人們有深刻的反省而已。對另一半的忠誠，而決定不出軌，或是說永遠不會把握出軌的機會，這樣的講法是可悲的。忠誠是自我的選擇，不是對另一半的義務，否則自我性自主的限縮，被當作是給予另一半的恩典，這也是可悲的。才會說意志力、自我認同、關於性愛限度及倫理道德的認同感，這些才是起決定性的作用。

清心寡慾是解開外遇枷鎖的唯一方法

簡單來說，要靠因為愛著伴侶及信守著承諾，這樣的因形成不會出軌的果，這是有問題的，畢竟愛與承諾是伴侶間的事，外人無由置喙。普遍而言，結婚時夫妻面對面許下承諾套上婚戒，彼此表述愛對方一輩子，永誌不渝等等之類的話語，到頭來離婚率高得不像話，這是怎麼回事？既存現象，已經證明所謂的愛與承諾根本不是避免外遇的良藥，或者說外遇不是病，也不需要什麼藥到病除的良方。終歸是回到自我的身上，解鈴還需繫鈴人，就是最好的註解。羅蘭巴特所說：「在整個戀愛過程中，出現在戀人腦子裡的種種情境是沒有任何次序可求的，因為它們的每次出現都取決於一個（內在或外在的）偶然因素。碰到一個與之相關的偶然事件，戀人總是出於自己的想像、快感，而身不由己去挖掘自己的情境儲存（或寶藏？）」。任何情境的戀人，都是如此。羅蘭巴特表示占有欲是戀愛關係的種種麻煩，想必這是被占有的另一半，最不樂見的，然而卻是戀人關係緊張的來源。不是只有戀人如此，人與人間的關係，也都是如此。

如果要為自我解開外遇的枷鎖，清心寡慾是唯一的方法。羅蘭巴特在戀人絮語的末節，引用東方的詞「清心寡慾」，作為此書的終結，並且引述禪宗及中國道家的的方法：「道常無為而無不為」，頗耐人尋味，還說道：「我在心裡對不再是或還未成為我的對方的人說：我努力克制自己不去愛你。」實在太有意思了，假若沒有了愛，也不用克制了，假設有了過多的愛以至想要占有對方，這就太可怕了，所以要節制愛欲，到底是要呈現如何的狀態？這是因人而異的。總之，想要解開婚外情的謎，誠然要解開婚外戀的枷鎖，想必要先瞭解戀人關係，婚姻內的愛戀如果能清楚的掌握，婚外情就不會是個迷，也不會是需要解開的枷鎖。古語說人貴自知，就是這個道理。

激情變成溫情是愛情可以持久的方式，瞭解於此，愛人變成家人的時候，不管家庭結構如何變化，那種溫情的愛，輕輕牽引著你，自我化為內心的一部分，將深深地影響了你的自我決定。用《戀人絮語》書中引述詩人里爾克之語作一小結：「因為我從不糾纏你，所以我牢牢掌握著你。」

禁慾與外遇

聰明絕頂如美國總統柯林頓之輩，也發生了呂文絲基的婚外情事件；高球好手老虎伍茲與棒球選手王建民的外遇事件，更是體育版之茶餘飯後的大八卦；成龍很有名的一句話：「我犯了全天下男人都會犯的錯」（看看熱血男兒林覺民，就知道這句話是不對的）；作家苦苓、林清玄的外遇事件，也曾在社會上轟動一時；滿園春色關不住，一支紅杏出牆來，史上多有，潘金蓮最為人知；張柏芝婚外戀事件，當時亦引發不少關注。

夫妻坦誠相待能減少外在誘惑的機會嗎？

整體說來，外遇這檔事，就算頂尖聰明者如克林頓，也無法理智決定不要外遇，更足以證明外遇不是用聰明理性判斷可以說明的。不論販夫走卒，財富多寡，文青粗俗與否，無關乎智商之高低，只要是人，都有外遇的可能。外遇究否是動物本能的自然流露？不會有科學上的答案，自從人類有了文明與文化以後，關於行為上考察，早已非動物的本能一語可以帶過。

先有精神外遇或是肉體外遇的問題，如同雞生蛋、蛋生雞一樣，不會有答案的。或是說，肉體外遇可以理解，精神外遇卻是很難定義，對於精神外遇一詞是值得斟酌的。至於關於婚姻外柏拉圖式的精神戀愛，好似比肉體的外遇更讓另一半受不了，這裡只處理性外遇較單純的問題，有關婚姻內外的愛情，可就無法探底了。到底是跨過情慾或是性慾那條線，始產生了婚外情，真是不可考。無論如何，都是慾望作祟引發了外遇，慾望的線頭，牽引著人們走入婚外戀的世界？可以這麼說，性驅動力或是性慾望直接導引著男男女女走入婚外戀，至於情慾是否為催化劑或是線頭的端點，就不是那麼直接，或著說無關重要了。

從一位被外遇的實際案例談起，Peggy Vaughan 克服丈夫曾經外遇七年的經驗，表示與丈夫和好後，再度建立起幸福美滿的婚姻家庭，進而成立了「超越婚外情網站」，衍然成了婚姻幸福的專家，並且以自身經歷討論外遇的問題。在她的《誰會有婚外情》

一書中，她從誘惑的觀點說明一夫一妻是種迷失，進而認為夫妻間要誠實、互相討論如何避免被外在誘惑而發生婚外情。其實，沒有內在的慾望，外界要如何誘惑呢？Peggy Vaughan 以身為兩性問題專家的身份，提出許多實務的看法，很淺白的分析外遇的現象，然而，她並未觸及外遇其他的核心——慾望、道德、愛情。不用過度哲學的觀點來看待外遇這件事，Peggy Vaughan 對於外遇的分析過於表淺，無法帶來新的思維。她針對一夫一妻制是夢想也是種迷失，提出簡單而矛盾的主張，為了破除迷失達成夢想，她說夫妻要坦誠以對，互相討論彼此可能被誘惑的問題，她過於單純看待人這種動物，認為只要誠實、討論，就能解決誘惑的問題，並且還認為夫妻秉持傳統的道德觀，認真討論婚姻相處之道，坦誠相待一切，就能減少被外在誘惑的機會。

卡夫卡關於愛的險境的寓言

前述觀點就像一灘淺淺的小河水，無法讓河裡的大魚游到大海。如此看法無益解決暫時的困窘，更不能提供明燈，指引凡夫俗女正確的方向，讓人們瞭解真正的問題點，或是從自知出發，而悠然的掌握或控制自己的心性，讓可能的理性露出一點點曙光。

Peggy Vaughan 的誘惑觀點，倒讓我們想起卡夫卡曾經說過的一個愛的險境的故事，大略是說主人翁愛著一位姑娘，姑娘也愛他，雙方卻要分開。這是怎麼回事呢？姑娘被全副武裝的矛給包圍著，矛尖是向外的。主人翁也被全副武裝的矛給包圍著，矛尖是向內的，想要離開就會刺得渾身是血，若欲接近姑娘更是寸步難行，最後，主人翁竟像是姑娘和別人接吻的二張臉之間的空氣般，讓人感到很洩氣。一昧的強調外在的誘惑，倒不如深深的探知自身的心靈，瞭解自己是如何去實踐慾望的過程。相愛的人不能在一起，必須要分開，是何道理呢？向內的矛像是第一道枷鎖，只要有鎖鑰還是有解開的可能；向外的矛像是第二道枷鎖，只要有鎖鑰也是有解開的可能；可是，誰能擁有這二把鎖鑰呢？就像卡夫卡所言，這真是愛的險境啊！沒有圍繞著矛的姑娘，是一種誘惑嗎？沒有圍繞著矛的主人翁，是一種慾望嗎？

慾望是人類文明前進的動力，但是愈文明會帶來更多的快樂嗎？慾望、文明、快樂就像交織不清的麻花，不斷的扭轉交織，終究分不清之間的關係，只能說理還亂。說到慾望、快樂與人存在的價值，更是像一場永遠的誤會，佛家才會說離苦得樂。文明像是前進的巨輪，人類自省後就算想要停止巨輪前行，只能如同螳臂擋車，完全沒有作用力的。此刻，慾望也就不可能隱匿或是消失了。既然如此，禁慾主義似乎是一股清流，引領人類走上康莊大道。假若人們相信一種唯有正確價值觀的實踐，才能為世界帶來美好的生活的看法，那麼就會認為縱慾會造成禍害，不過，內心的慾望不是那麼簡單可以被看穿的，表象上所滿足的慾望，也並非所知觀察到的那個樣子，就好像眼睛看到的未必都是真的如此形容來得貼切。怪不得對於披著道德外衣的偽善，不容易被人發現，更不用說被批判了。

哲學家尼采對於偽善禁慾的批判

尼采卻能洞燭先機，所以他反基督。什麼是善？尼采說凡是增強我們人類力量的東西、力量意志、力量本身，都是善。什麼東西比惡行為更有害呢？尼采說主動的憐憫一切失敗者和柔弱者更為有害：「基督教」。他在上帝已死一書中，是這麼說的。但是，他所謂基督教對失敗者和柔弱者的看法，與中國傳統所謂的剛柔是不同的看法。觀諸老子所謂上善若水之至柔勝剛強的說法，就能瞭解尼采所謂反基督的柔弱自有他的一套哲學，與老子所講的柔弱是不同的，老子所說的剛柔之道，類如福禍相倚是同樣的意思。不管是否同意尼采對偽善禁慾的批判，至少，會發現僅僅是教導壓抑慾望，只會讓慾望如野火般，春風吹又生，這是亙古不變的道理。瞭解這樣的觀點後，就會明白，二千多年前的老子，確實提供一種絕佳的策略，讓人們可以依循，不偏不倚，恰如其分。老子道德經第十九章所說「見素抱樸，少私寡慾」，就是這樣的自然之道。沒有讓慾望像一波一波打向岸邊的巨浪，不停歇的巨浪會漸漸地將岸邊給吞噬了。也沒有讓慾望像壓抑已久的活火山，一旦噴發會將整個城鎮給掩埋了。

寡慾才是正道，用什麼方法達到寡慾的效果，因人而異。人們如果不瞭解這樣的道理，就會認為透過避免外界誘惑的討論，來達到避免外遇的效果。再來看看另一種機會論的觀點，以區別誘惑論的看法。所謂機會論，簡單講個小故事，曾經有位外遇疑惑者，向一位法哲學大師請教如何避免外遇的問題，大師說：「能夠走中山北路，就不要走林森北路。」這樣的機會論，就是指避免可能造成外遇的機會，聽起來好像和拒絕誘惑是一樣的道理，實際上是不同的面向，所謂機會論是發自內心，如同卡夫卡所謂自身周圍充滿著向內的矛，頗有儒家所講的慎獨的功夫。避免製造外遇的機會與 Peggy Vaughan 所謂避免誘惑有何不同？或許無法那麼細緻的區別，但由內而外的面向出發，要比由外而內來得恰當，把自己的起心動念說是外在誘惑，這是一種脫罪的心態。

夫妻間的坦誠，並不包括把不自知的內心深處的起心動念，都列入討論的範圍，那只會將事情給弄擰了，人貴自知，若連自己都不自知，要如何討論？誘惑是外在的，勉強算是可感知的，但是拒絕誘惑是內在的，根本無法感知與討論，遑論溝通，在誘惑資訊的傳送過程，夫妻的感情，就像加了不知名的催化藥劑，會如何變化是難以預料的，絕不像是 Peggy Vaughan 所說透過坦誠對於避免誘惑的討論，可以建立美滿婚姻，避免外遇的產生，就算是沒有外遇，這種避免外遇的機制或模式，最後只會反轉另種奇怪不同外遇的怪物，於夫妻關係間不斷糾纏。

誘惑與拒絕誘惑其實是二件事情，無論如何，怪罪於誘惑，倒不如怪罪自己的身體

（身體是心靈的載體，如要怪罪外遇的那顆心，先把身體抓去幽禁吧！）肚子餓了想要吃東西是正常的道理，也是自然之道，外遇也是同樣的道理，禁慾沒有辦法解決問題，因為肚子餓了有機會就可能偷吃，但是，食物不會誘惑肚子啊！是那張貪吃的嘴或飢餓的肚子去把食物抓過來的。減少肚子餓是一種辦法，夫妻間的感情彌篤、自我內在的矛，可以讓肚子不餓，不過，無法達到清心寡慾的境界時，在不要求人人有顆禪修不動之心的情況下，至少機會論也是一種避免外遇的選擇之道。此外，還有一點要說明的，某方面來說，有認為對於夫妻以外之人產生性慾，是一種罪行，這種罪行迫使禁慾主義的發達，告訴人們遠離罪行，這種錯誤看法，讓人們搞不清楚罪的意義，或許說這種反自然的操作方式，可以為特定信仰帶來眾多的支持者，到頭來卻無濟於事。

二　愛情

愛與虛無

愛情是虛無飄渺的，還是實實在在的存有？
愛情是瞬間即逝的，還是時時刻刻的擁有？
心靈是空的，是實的？
心靈是可感受的，是虛構的？
是封閉的愛情？還是開放的愛情？
或是說無關緊要了，一切都只是虛無破了實有的影子。

關於愛、婚姻，從開放的角度來看是自由的，從封閉的態度來看是受限的。但是，開放的自由是無限的嗎？封閉的界限相對於開放的有限性，難道不是另種開放嗎？最後，總要回歸自我對自由的態度，自我形象的確認，作出自我的選擇罷了。愛情的世界裡，能說出愛情的大道理實在是一場謊言，才會出現無賴派的小說家。太宰治充滿人間失格的自我原型小說故事反諷：「那些說我是幸福的人，其實不瞭解我是在地獄，他們才是幸福的」。至於誰幸誰不幸？誰能評價呢？徐志摩的愛，悄悄的來，悄悄的去，如此浪漫無懈的愛，局外人能理解嗎？人間失格的主人翁大葉庭藏，發現太太與人私通時，那種懦弱的無力感，讓他只能大哭一場，太太被發現後無言，沒能說些什麼，二人對望著吃著一盤蠶豆，那畫面豈是淒涼悲慘得以形容？是在地獄尋找人性或伴侶間的寬容嗎？

開放式婚姻

凡事不從悲劇人角度出發，人間總有樂觀者，儘管七情六慾不會讓人獨享樂觀，甚至應該懷疑人間事，沒有悲劇的對照，那來的喜劇呢！談到婚姻的愛，歐尼爾夫婦對婚姻的看法就很樂觀，他們合著《開放的婚姻》一書，關於婚姻的看法可說是充滿自由選擇以及無限的成長，他們提出封閉、開放婚姻觀念，封閉的婚姻的特性是占有對方、夫妻一體、自由受限，開放的婚姻是保留個人的自由，坦誠開放，強調美滿的婚姻應建構在幾個重點，例如保留個人的獨處時間、坦誠溝通、開放的交往關係、平等、自我意識等等，不過，在最關鍵的問題上，他們是這樣講的：「這些婚姻之外的關係，對於可能的包容性，但這完全是基於夫婦本身。如果開放的婚姻夫婦都有婚外的性關係，這是以他們健全的婚姻關係為基礎——也就是說，因為他們已經體驗成熟的愛，有真正的信任，而且能使自己擴展到去愛他人，享受和他交往的樂趣，而且把這種愛和樂趣帶回到婚姻裡，絲毫沒有嫉妒。在這裡我們並不推介婚外的性關係，但也不是說應該完全避免。主要是在於你們的選擇。」為了怕背上非善的罪名，他們只好說「不推介婚外的性關係」，僅僅說明這是選擇的問題。某程度來說，他們的觀點與人的自由主張有異曲同工之妙，但是歐尼爾夫婦的開放的婚姻，主要是在闡述對於婚姻相關聯性的人事物採取一種較開放的態度，並未就支撐開放的態度的內涵作剖析。在開放的態度之前，關於自我的確認才是更重要的，假若未能於自我的確認過程中，找到自我的選擇，歐尼爾夫婦所說的開放，也不過是教條式的宣揚罷了。更何況，你的開放是我的封閉，我的開放是你的封閉，同為右派的傢伙，卻自詡為左派人士，而大加撻伐同志，多麼的諷刺！

假若把開放當作是自由來看待，雖僅僅是自由的假象，無論是開放的伴侶、開放的配偶、開放的婚姻，所呈現的面貌都會有所不同，以文害義，會產生許多的誤會。像是沙特與西蒙波娃，最典型的開放伴侶關係，但是他們開放式的伴侶的感情關係，也經歷過大風浪才歸於平靜的，沙特有多段現在進行式戀情，當與多洛莉絲打得火熱，曾讓波娃相當反感，不過她自己在此前後時期，也和納爾遜阿格林先生搞在一起，這樣的開放式的伴侶關係，的確難為，儘管有其他的戀情，終究沙特向波娃說要和她廝守在一起，這是他們講好的事情，雙方互相信任會這麼做的。不是藝術家、文學家、哲學家，你能開放伴侶嗎？還有，在歐尼爾夫婦的眼裡，太宰治的婚姻及對愛的實踐，究竟是開放的還是封閉的呢？

普魯斯特和毛姆對於愛情的不同見解

不去管開放或封閉的愛情，普魯斯特的《追憶似水年華》帶給我們一種對愛的真實反應與感受。追憶、似水、年華，讓人痴迷沉醉，關於男主角斯萬邂逅奧黛特的一段愛情，墜入情網後的甜情蜜意，濃得化不開。斯萬是有藝術氣質的富家郎，即使當著他的面說奧黛特不過是給人家當外室的女人，愛戀中的人僅將世人的評論認為只要當作反話來聽就可以了，情婦又如何？然而，水乳交融的愛情一旦起了餿味，哎呀，還真是難聞喲！奧黛特的物質慾望，追求時髦生活的人生觀，終究無法讓這段美味的戀情持續下去。愛情在分秒間流逝也在時間中滋長，享有甜蜜的回憶，無論結局如何，虛實消長的「活過、愛過」，讓人感到幸福。小說結語，道出斯萬受到背叛後的真切省悟：「他在她身上發現的每一分風韻，他都感到後悔，因為他知道，過一會兒，這些東西將成為折磨他的新武器。」愛情，真是如履薄冰，抓得住覺得是實在的，抓不住覺得是空虛的。

毛姆的《人性枷鎖》，關於愛情又是不同的看法，男主角菲立普沒有後悔遇上了害他死去活來，又經常厚顏無恥利用他的梅露德蕾，反而從過往的生命歷程，領悟了活在當下的意義，進而能解開他生命中的諸多枷鎖，愛情亦然。場景拉到戰爭陷落的城市中，動盪的世界，物質、錢財全不重要了，張愛玲筆下的《傾城之戀》，她形容愛人間一剎那的徹底諒解，夠一對戀人和諧的活個十年八年，患難見真情嗎？斯時起，白流蘇也不再是范柳原的情婦，在歸於平淡的婚姻裡找個太太的位置，再和諧十年八年的婚姻，應該不難吧！

轟轟烈烈的愛情到頭來是為了追尋自我

有首情歌說「言語無法表達我情意的千萬分之一」，這是實在的，愛情的文字、言語，真是會把愛情給搞亂了。不過，詩人卻最喜歡搞亂愛情。民國初年翩翩才子徐志摩，詩人短短三十六歲的人生，可他的精彩戀愛的故事，引人入勝，唯美流傳於後世。早年父母安排的婚姻，他只有接受的份，沒有自由戀愛這回事，終究流著詩人的血液，激盪著逃脫婚姻的澎湃心情，很早就結束了與張幼儀的婚姻，張幼儀的豁達頗讓人不捨，二人仍能視之為友，未如仇人般的結局，難能可貴。當然，遇到了林徽音加速了徐志摩的決定離婚，惟徐、林二有情人終不能成為眷屬，生命中的浪漫與現實，無時無刻不互相交織著。之後，為了和陸小曼再締姻緣，徐志摩甘冒得罪老師、老父一夥人之危險，也在所不惜，只為了實踐每一段的真愛，二位曾經離異的人，又再度有情人終成眷屬，只不過好景不常，戀愛的浪漫與婚姻的現實，讓二人口角不斷；看來，徐志摩的個性，還是只適合談戀愛的，不適合婚姻生活的。過往當下的新歡舊愛，都在徐志摩墜機後，或昇華或煙消雲散，或入土為安了。這麼轟轟烈烈的愛情，還能說是虛的嗎？

太宰治名言「生而為人，我很抱歉」

虛渺的愛情，以無賴派的文學大師太宰治，最具代表。其半自傳的經典作品——《人間失格》，開頭便說：「回首前塵，盡是可恥的過往。」有人總覺得生命是痛苦的，幸福是難以獲得的，作為人，盡是不及格的。甚至於，發現太太與人私通時，只能冷漠無助以對，因為「我這個人」已經失去作為人的資格了。可是，人為何物？死生何意？哲學上的大問題。能夠通透感受在人間做為人的樣貌，對於五官的感受，盡是失格沉淪的縱慾，亦或是清教徒式的禁慾，請君自由選擇。人間失格者，卻點醒了尚未成為邊緣人的我們，珍惜尚未在人間失格的歲月，還能做些什麼呢？此時，不得不選擇中庸之道為立身處世的參考，所謂天命之謂性，率性之謂道，率性而為，順天應人之個性。再者，中庸又說：「君子慎其獨也，喜怒哀樂之未發，謂之中；發而皆中節，謂之和。中也者，天下之大本；和也者，天下之達道也。致中和，天地位焉，萬物育焉。」原來，這就是中和的道理，中節也是率性而為下的產物，凡事離不開自然與本性的交織。關於愛情，你可以選擇太宰治對於人類虛無矯柔的態度，狂狷而放浪形骸，那麼，對於另一半，當然吾道一以貫之，就無所謂私通的觀念，至高無尚的開放的愛，這是自我的選擇，就算旁人無法理解，這就是自我的人生，此刻，從旁人的他我是無法看到自我的，旁人與我何干？當人生存在的價值起了疑惑，關於愛情也是同樣的態度。

這會讓人想起了尼采在悲劇的誕生說了一則希臘神話故事，息倫納斯（Silenus）被邁德斯（Midas）國王在森林間一直追問，到底甚麼是人間最好的東西？息倫納斯根本不願回答，國王卻打破沙鍋問到底，硬是要個答案。息倫納斯只好嘆息的說：「……最好的事是不要生而為人……」那次好的事呢？國王又問，息倫納斯接著回答：「就是去死吧！」這樣說，人存在就是一種價值，我們又不能忘了息倫納斯所說的話，或是說連佛菩薩都告訴身為人者，應該修行進入極樂世界，才能離苦得樂。可是，不想進入人類世界的邊緣，選擇一種存在就是價值的態度活著，慢慢地、緩緩地，隨著時間解開身為人而加諸桎梏的一道道枷鎖，文學大家毛姆筆下的菲立普就有深刻的體悟，從人的自卑、可悲的愛戀出發，讓深愛的女人無恥的對待，終究看開一切，回歸平平淡淡，了悟解開枷鎖後的生命意義，已非虛無飄渺得以解釋的。

愛與利益

除了肉體的外遇，真的有精神的外遇嗎？有人能感受精神的外遇，不過，有人卻說那是個人的主觀感受罷了。或著說，看不清楚也講不明白，精神這種事太內在，太過於內心世界，人們無法看透別人的精神世界，還是無言吧！於此，先來說肉體的外遇，這概念可容易說明，男人女人在既有的規範下，無論是法律或是倫理，在他律的要求下，歡愉的性交是受到限制的。結婚的人，不能隨便和婚姻以外之人做愛。在早期，未婚者也是不能做愛的，近來的觀念，未婚者只要是男女朋友關係，有了這層關係的做愛，倫理上的苛責已少了許多。外遇成因之類的文章，多如牛毛，不加細數。能建構起一套如何避免外遇的理論，或許，對人類可能較有貢獻。然而，野性的呼喚，卻一再的告訴人們，只要留有那麼一丁點純真的野性，很容易就燃起外遇的火花。難道，外遇是基於自我利益的選擇？亦或是，不外遇也是基於自我利益的選擇？還是說，一種對愛情信仰，並非利益的判斷，外遇與否根本無足輕重。

男人為性而愛女人為愛而性

談論到性愛，一般庸俗的幾個觀點，男人為性而愛，女人為愛而性，只要是人就為性而性。先來說為性而性，略莫會講到未文明前的蠻荒年代，人類與動物殊無二致，也是野生動物，因此為性而性，性衝動的自然本能，並未因為隨著人類的文明或是文化的發展而消失掉，在自然、自由的觀點下，對於交媾、性交、做愛、或是敦倫觀點，都不脫性的字眼，愛不過是語文表達的裝飾性用語。

更進一步來說，男人的野性，真的是比女人來得強嗎？大眾的觀點，確實如此，比例上及統計數字亦然，不過，這是排除文化壓抑及權力規訓後的論述。依著預設的脈絡看下去，男人的野性較強，常常是為性而愛，除去古代一夫多妻制，以現代一夫一妻制的角度來看，外遇好像多發生在男人的身上，女人外遇算是少數。也就是說，世道上的小三的數量，應該比老王的數量來得多多。看起來，多數女人在文化與規訓的觀點下，已失去了自然的野性，比較不容易為性而性；其實，由前述觀點，我們會發現，男人被規訓的程度也不遑多讓，為性而愛的觀點，不就是脫野性化嗎？或許，愛的誕生，讓性這件事，愈來愈不單純。老子所謂的嬰兒的赤子之心，純真的自然之道，就是原初的觀念。原初的野性，因愛起了變化，最起碼的為性而愛，可以減少到處打獵的機會。在古老的蠻荒年代，為性而性，要花費時間、精神，甚至為了搶奪會犧牲性命，趨吉避凶的上策，當是以最小的代價獲取最大的性的利益，如此性利益的經濟學，早在上古時代，就已經開始展開，所謂最小的代價，有二個要素使然，其一是隨著時間的經過、歲月的演進，人們愈來愈不單純，其二是愛這種東西，乃減少為性而性風險的良策。因此，就像人類從用葉子圍住身體，進展到用衣服來包著身體一樣，愛也是如此發展而來。

再來看女性的為愛而性，回歸自然生理的觀點，女性為愛而性，仍舊是在文化與權力窠臼下的講法，這樣的意思是在解釋所謂為愛而性的觀點，是指被規訓的程度大小而已，換句話說，男人較野，女人較不野，如此而已，並無本質上的差異。在看性感舞蹈時，會發現類似的表演，女性來得漂亮許多，在自然的陰陽變化下，女性從類似舞蹈的解放，或許可以看作是回歸自然的一種方法。其實，整個人類的愛與性的發展歷程，都脫離不了與外在的關係，這層外在的關係，最主要是人與人的關係，從親族到非親族關係，建構起各式各樣的風俗、民情、習慣、文化等等關係，這樣的關係，破壞了原始的野性，或是說雖然保留這種野性卻收斂許多。尤其女性向來於歷史上，處於卑微的角色，更無法展現出自然與自由，因為女性在外在關係的影響下，自然野性的壓抑也好，轉化也好，總之，表象上就是愈趨於隱藏或消失。從自由的面向來看，更是如此，一夫多妻制就是最佳寫照。

從性與文化的觀點看外遇現象

從前述觀點下，可以發現通俗的看法，對於男人與女人的性愛先後觀點，是有問題的。男人與女人，在文化霸權的力量籠罩下，並沒有本質上的不同，只有程度上的差異，時間與愛是最重要的關鍵。來看看《尚書》所言「男女不以義交，其刑宮」，即知其道理，不論男女都一樣，只不過男人多了妾，女人不能有姘頭而已，早期通姦的看法，就是義不義、宜不宜為判斷的重點。看看數百年前的女性性愛觀，與現今有極大的不同，就可以明瞭時間的重要性，如果不用革命的方式，在各式關係與文化的洪流交織影響，女性性愛觀的滅亡，是指日可待的事，只是用革命的方式會快一點而已，就像文明帶來人類滅絕，並非難以想像的事，只是時間的早晚。所以說，所謂男人為性而愛，女人為愛而性，作此區別，或是如此類型化，並無多大的意義。在自然的世界裡，可以清清楚楚的抓住了性的概念，但是，愛為何物？

關於自然狀態下的性與文化的觀點，有了基本的認識後，必須稍微說明白愛為何物，才能繼續討論外遇之事。曾經有人說過：「能夠走中山北路，就不要走林森北路。」在自然決定論的觀點下，人們還是難逃渴著就喝，餓了就吃的習性。因此，只能用環境來避免外遇的發生，這也是一種他律的方法。關於性愛，汽車旅館的誕生，再加上關係網絡愈來愈快速與密集的社會，環境的要素，加速了外遇發展。為了保有人類自然無邪的純真，又為了維持倫理或法律要求，無論如何，用他律的方式來維持不外遇，或是說如何避免一不小心的偷吃，變成一門重要的學問。更甚者，此乃婚姻諮詢專家的顯學。

也許，性愛這玩意，用理性的方式來分析，根本是鬼打牆。不過，即使在自然的狀態下，人類還是會說「母愛」是天生的，人類還是會基於利益的考量，去做某些事或不去做某些事，此利益的考量，有時是基於本能，不見得是理性的判斷。因此，不去管理性與否，若從愛情與利益這二方面思考，能否帶來解決外遇的曙光？若以伴侶間的愛情，用信仰來看待，宗教的寬容與褊狹是並存的，色即是空，空即是色，亦是相同的道理。換言之，庸俗的看法，一般人基於自我利益的決定，選擇了安全式的婚姻，就算有外遇的動機，也必須壓抑下來，沒有絕對不被發現外遇的保證，婚姻的利益是會受到破壞的，然而，如此利益的判斷真是影響外遇的關鍵嗎？實際上，愛與利益，原應為沒有交集的二條平行線，世人卻無法成為尼采的超人，因此，軟弱的意志，只能讓自己在愛與利益的糾葛下，期待安然苟且過了一個永世平安的婚姻，至於快樂、價值，信仰，也都沒有那麼重要了，因為自我就這樣過了一生，還能再期待婚姻嗎？

自我認知決定了愛情觀的選擇

在泰戈爾的短篇小說《得救》，對愛情的詮釋，正面看讓人產生能量，反面看讓人感到害怕。一位出身富裕且嬌美的太太，一位努力向上的律師先生。嫉妒的律師先生總是要占有太太，無奈的太太只能委身宗教的救贖，年輕教士成為太太的精神導師。如此，只有讓先生更加妒火：「妳敢發誓，妳不愛這一隻假扮修道者的野鶴嗎？」一封精神導師寫給被囚禁的太太的幽會信，被先生所知悉，先生因此中風氣絕。太太終究未追隨精神導師，而是用毒藥自盡在丈夫的身邊，眾人均認為在世風日下的當下，有此忠貞愛情，殊屬難得。一個荒謬的結局，讓人見識了愛情的假象。

自律與他律，作為決定了利益判斷的規範，這是非愛情觀式的價值判斷。然而，在愛情的世界裡，純然就是愛情，何來利益之有？世人能瞭解這一點嗎？在婚姻或是伴侶的世界裡，假若對外遇的觀點，取決於利益的判斷，那是困難的，重點將會是在自我的認知及自我的愛情觀。一種自我對感情的信仰，決定了外遇的觀點，也許伴侶所在意的不是外遇與否，而是愛與不愛。但是，愛與不外遇二者又真的能劃上等號嗎？
只能說，無法相愛，死去了才能得救吧！

無私與被簡化的愛

談及出軌與愛情，人們經常將佛洛姆的學說拿出來討論。佛洛姆在《愛的藝術》中，以對神之愛作為比擬，斷言人類的愛情是一門藝術，將感官的愛情提升至藝術層次，並明白告訴人們，愛情是神聖的，愛是一種能力，人們應該無私地愛著別人。佛洛姆的講法讓人存疑，沒有宗教信仰，沒有母子臍帶相連，所謂無私的愛有可能嗎？佛洛姆說道：如果一個人沒有愛鄰人的能力，沒有真誠的謙卑之情，沒有勇氣，信心和格律，他就無法在自己的愛情中獲得滿足，真的是這樣嗎？

要求愛情與婚姻的無私的愛是否強人所難？

佛洛姆所謂「無私的愛」，在許多宗教中也多有闡述，宗教關於愛的實踐，出於全然的信仰，相信宗教對於個人實踐無私的愛，不論是形式或實質上的無私，此種出於信仰的真誠，不會出現個人自由，至少在不合於教義的行為，不得以自由為為藉口。全然真誠的信仰，以無私的愛去實現宗教的信仰，這是可以理解的觀念。但是，在婚姻或愛情，也是如此嗎？這是值得存疑的，因為愛情與婚姻沒有全然真實的信仰，與宗教有很大的不同，所以要求愛情與婚姻的無私的愛，是否太強人所難了！

對於多數人而言，與他人建立緊密連結和關係，對於人生長久的快樂與幸福仍屬重要，伴侶間從激情滋養了愛，最終能達到無私的愛嗎？無法否認，建立緊密關係無法僅依靠激情，當激情退去，如何繼續與伴侶維持長久的友愛關係？仍必須依靠人的智慧與心性。愛情能夠帶有無私的美德，這是上善的修為，但是無私的愛並非愛情，這應該是清楚的。伴侶的相處過程應該明白，無私二字是困難的，尤其關於愛情，其與宗教的愛是不同的，無私是否就是偉大？有私的愛情是否就是不偉大？倒不盡然，認知其間差異，在愛情或婚姻的旅程，關於外遇的理解，就會有不一樣的觀點。或許可以這麼說，外遇可能變成是一種現象，而不是一個問題。

人類所能感受與認知的，往往只是外在現象世界，人們經常認為，所有現象都只是我們的感受和認知。人們之所以經常搞錯「存在者」和「存在」的區別，導因於人們無能的感知器官。無法否認，人類所能看到的、聽到的、聞到的、嚐到的、摸到的、感受到的，僅能受限於人們的眼、耳、鼻、舌、身、意。於是，當人們抬頭仰望月亮，以為月亮形於天上，就斷言：「月亮存在於天空之上」。實則，我們也許認識月亮，也許不認識月亮。所有愛情感受的深度，藏於人們的意識和私有語言中。人們深信、能夠感受，卻無法表達。這種感受變成一種虛幻的修辭，於是世人說：「這就是愛吧」。人們把這種感受類型化、名詞化，使它成為一種具體的定義語言，好像是「桌子」、「溪流」、「首飾」之類。人們開始說，「嗯，我們能理解愛情。」終於，「因而愛」（愛的起源——因）及「由愛生」（愛的產物——果）兩者，本質變得極為模糊，無法辨認，以致於人們經常無法理解到底何者為因，何者為果，何者為主導。最後留下的問題：愛情是什麼？這基本的問題，卻最難回答，似乎人類的祖先，也有同樣的困擾。

愛情是一種化學作用嗎？

關於人類的愛情，從生物學、醫學、心理學、人類學、文學、哲學及倫理學等不同領域，提供了不同的答案。以生物學家為例，生物科學家提供的答案似乎最為了當。催情素（Oxytocin）、多巴胺（Dopamine）和腦內啡（Endorphin）。他們的邏輯在於一個易於理解的概念，愛情如人類其他情感，皆源自於大腦。許多實驗證明，催情素能使人產生信賴感，多巴胺能使人產生愉悅感，腦內啡則是能使人產生陶醉感。

答案似乎很明顯，催情素、多巴胺和腦內啡可說是專一和信任的關鍵所在，也是人在愛情中產生飄飄然感受的來源，難道「愛情是一種化學作用」？不過，人們的心念卻是會影響此化學作用哩！催情素、多巴胺和腦內啡並不是產生愛情的原因，更不是結果，這些物質只是我們心中感知的忠實反射。當一個人說：「我陷入熱戀」，其實只是對於身體產生上述感知的一種詮釋，就如同有的人吃甜食或吸毒，大腦也會分泌多巴胺，進而產生愉悅的感知一樣，只是我們對於甜食和吸毒的愉悅感，並沒有如同賦予愛情一樣，創造屬於它的專有名詞。催情素並不能決定我們愛誰或和誰相守，如同即使是已經結了十幾年婚的夫妻，彼此相處已經沒有催情素的激化，他們還是能牽著手走下去。

我們愛上是真實還是想像？

事實上，「愛」與「知道自己在愛」完全是兩回事，「存在」和「存在者」並不相同。催情素雖然是愛情的重要感知，卻並非愛情本身，也因為如此，至今尚未有任何生物學家能夠提出愛情的定義。

至於文學中的愛情，則起源於十八至十九世紀的浪漫主義，宮廷愛情的興盛，使人類賦予愛情更形而上的內涵。於是，愛情的名詞前面被加上了形容詞：浪漫的愛情、忠貞的愛情、淒美的愛情、墮落的愛情，而哲人的愛情就更為複雜。愛是什麼？在許多答案中，愛情的概念似乎愈來愈模糊，也愈來愈複雜，實際上，哲學家和文學家在現實中對待愛情的態度，也是相當混亂，例如叔本華本人對於女性的憎惡即導因於感情上的失敗，尼采和莎樂美之間沒有結果的愛……。但是，崔斯坦和伊索德，兩者心中的愛是一樣的嗎？即使相愛的兩個人，他們的感知也不同，人不僅只是感知不同，最重要的，人們對於感知的詮釋也完全不同。設定愛情的客觀標準及語言，當對方無法達到這個標準時，就得到「對方不是真的愛我」的斷言和結論，這樣的做法，就如同要求每個藝術家必須妥當且嚴謹地創造藝術一樣，不但錯誤，而且近乎苛求。

為什麼人們會犯下這種錯誤？這是因為人們總是傾向用歸納的方式，來對豐富的感知世界進行分門別類，簡化人與人之間的關係。失去了多樣性，導致人們對於所有的感知日漸貧乏，也消滅了人們際遇對象的多樣性與特殊性。最後，人們對這種「真愛」式斷言的關心，甚至超過了對斷言的對象的關心。這種斷言，大家就理所當然深信著、散布著，而人們所際遇的對象也因此而被定義著。

每段愛情都是偉大而獨一無二的

自笛卡兒確立了二元論後，肉體與精神的分離已成為定論，一般人認為，肉體世界可被研究，但靈魂的世界則不可知，根據統計，即使是無神論者，在詢問他們：「你覺得你死後會發生什麼事？」他們還是會回答：「我會上天堂」。由此可知，雖然靈肉分離在科學上是錯誤的，但靈魂的崇高性似乎已根深柢固地存在於所有人心中。讓我們思考一件事，當人類死亡，或假設人類並沒有大腦，愛情還會存在嗎？或者，愛情是一種必須依存在者的存在？如果答案是肯定的，那麼我們似乎得到一個結論，那就是愛情只是一種感知，實際上它並不存在。

也許我們可以這麼說，愛情或許是一種多數經驗（感知）的創造體，「愛」本身並不指向任何存在者，而語言、思想、個人的表述和詮釋僅是讓我們能夠更認識它。所以在說明「愛」的時後，我們可以類比，但無法統一。

即使人們都知道自己為獨立個體，其感受和認知皆不相同。即使人們都知道，感情不是二元的世界，為什麼還是發明了愛情，並發明愛情二元式的公共語言：你愛我嗎？你愛我。你不愛我。愛情不應該是：「我愛你你愛我，我不愛你你不愛我」。如此簡單的二元式語言，不是最不愛情，也最不浪漫嗎？

每段愛情都應該是獨一無二的，不能說是無私，愛情的當下應該是偉大的，不可勝數殉情唯美故事，說明了愛情可以讓人偉大；無數的由愛生恨的故事，也說明愛情可以讓人邪惡。到底是什麼在左右愛情的走向？沒有人知道。

也許，背後的原因才是愛情最神秘和令人著迷之處吧！

外遇的男人

有一本描述外遇的小說，中文的書名卻叫作《外遇的女人》Adultery。作者是保羅科爾賀（Paulo Coelho），從書名即知是關於外遇的小說，不過明明就是二個人的外遇，為何特別要強調女人呢？

肉體的歡愉終將消逝

故事場景發生在瑞士，主人翁琳達是位三十多歲的記者，擁有一個令人稱羨的家庭，一對子女，完美無懈又深愛她的丈夫，丈夫是間投資基金公司的老闆，夫妻具有相當好的社經地位。保羅科爾賀小說中的琳達，在最完美的人生中，迷失了方向。她在一次訪談高中前男友賈柏之機會，雙方燃起肉慾的火苗，似乎像是時光倒流的邂逅。賈柏的太太出身名流，賈柏則是名年輕有前途的政治人物，甚至可能是未來的瑞士總統。琳達與賈柏二人都有各自美滿的家庭，可是均無法滿足於現在的生活，出於新鮮也好，重溫舊夢也罷，或是傾吐心思後的悸動，二人開始熱情如火的外遇，卻未感到道德感的罪愆，但是終究回歸現實。

在故事裡，主人翁琳達，最後從迷失的愛之中，又重新找回真正的愛，保羅科爾賀在為故事終局的註腳，認為肉體的歡愉終將消逝，永遠的愛人才能成就永恆的生命。

此類外遇的故事情節，電影經常出現，現實生活也時有所聞，沒有什麼深奧的人生哲理，還算普通的文學底蘊，沒有太多關於外遇的哲學意涵或者論述，很平實的內容，甚至有點八點檔的劇情，結尾也好像是美式的歡樂聖誕的樣子。琳達無意於天堂中的平淡生活，開始外遇的一連串過程，似乎予人栩栩如生，卻又呈現矯揉造作貌，當然，以大家都開心的結局落幕，讓世人皆能滿心歡喜，真是一個美麗新世界。來看看英文的書名，Adultery 意即「外遇」、「通姦」，不過中文的書名卻加上「女人」，這是怎麼回事呢？雖然保羅科爾賀是個男人，卻以琳達這位女性的口吻，講說外遇的故事，但是，畢竟外遇是琳達、賈柏二人啊！怎麼書名會變成「外遇的女人」，假若真要名實相符，也應該是「外遇的二個人」呀！從這裡會發現有點女性主義解放軍的影子。但是，卻又讓發出男人外遇正常女人外遇讓人驚訝的嘆息，這樣的矛盾，到底是為什麼呢？事實上，怎樣的關係才能算是永恆的戀人呢？這是不會有答案的，至死不渝是心裡的承諾，永恆是人們活著時候所想像的概念，結束肉慾歡愉後，再認知回歸永恆的戀人懷抱，若可以傻傻的相信這種天方夜譚的故事，或許就這麼過了一生，也算是令人欣慰的。

心理學家提出不同角度的論點

討論外遇的現象時，心理學家一定會軋上一腳。心理醫師 Janis Abrahms Spring／Michael Spring 合著之《外遇的男女心理》一書，引述華許（Anthony Walsh）在《愛的科學》書中的觀點，認為「愛是一種自然的高潮」，並以生物學的理論基礎，表示身體沉浸在類似安非他命的化學物質中（例如，多巴胺、正腎上腺素、苯乙胺），這些東西讓人從迷戀狀態轉為更親密持久的依附行為，接著，為了建構起類似佛洛姆所說的真愛或是成熟的愛，他們說生理反應會調整浪漫的愛到成熟的愛，如此將更不費力去愛，這種化學反應變化的愛的講法，讓人聯想到美女與野獸，按此說法，美女也不過是野獸的一種類型罷了。

作者擔任婚姻臨床心理醫師二十多年，想必累積無數處理案例的經驗，但是這樣的經驗究竟能帶來理論的指導原則，或是說醫師個人的信仰與文化價值觀，以及秉持的性倫理道德，都會決定對於外遇的觀點不同，而有不同的處置或作為。雖然作者引述許多研究作為依據，然而，卻看不到對於外遇現象的光明面。外遇的男女心理一書引述研究人員巴斯（David Buss）的意見，表示女性較在意丈夫情感的走私，男性較在乎妻子與他人有染；也就是說女性較在乎先生的柏拉圖式的婚外精神戀愛，男性較在乎妻子與他人的肉體關係。簡單來說，將人拆解成肉體、心靈，男性重肉慾，女性重靈性的講法，毫無根據，忽略人的個體不同及主體性，遽然以感覺作男女對慾求的不同的看法，顯然有問題。或者可以說，如此講法並無助於個人有關外遇問題的處理，反而造成錯誤判斷的困擾。

無意說明對於外遇心理的分析，心理學無法提供實際的作用，只是在類似的觀點，若僅僅從生物生理的狀態來看待外遇者的想法，似乎太過簡單。尤其是，以生理反應去建構心理的分析，忽略掉每個偷情者都有一段不同的出軌軌跡，共同的現象不過是偷情而已。

外遇是人的情愛作用的行為，無關於男女，論者常常卻認為男人、女人的先天不同，或是所面對情境而產生的情愫不同，在外遇的現象上面，會有不同的論述。如此僅僅於區別，亦或是有價值判斷的差異化？是值得深究的。假如只是基於區別的原因，頂多產生類型化的錯誤處理而已，若基於差異化的想法，從事如此類型化，更深層意義來說，怪不得女性主義欲就此反動而加以排斥，甚至於反動方向的錯誤導致原始的初衷變質異化，糾葛不斷矛盾持續，對於女性外遇的處理，像是行車於霧茫茫的秋色，又像白皚皚的厚雪所積壓著的小草，不知何時能找到出路。

其實，不論是外遇、出軌、通姦，一般認為婚姻外的愛，就是偷偷的來，才有偷情一語。然而，對於男性哲學大家或藝術大家，這樣的偷情是浪漫又美好的，還可能被世人所稱道，畢卡索就是一個典型。一般人可能瞭解，偷情者的情愛若非偷來的，就只能偷偷的來，還能被賦予其他的印象的，大概就只有藝術家、哲學家，如此看來，凡夫俗子還是好自為之吧！

三　婚姻

人性自由與婚姻忠誠

「你或妳為什麼會發生外遇？」大哉問！

外遇生成原因，簡化來說，基於逃脫性自由限制的牢籠、基於性衝動的論點、基於婚姻世界的不滿足、基於激情嚐鮮的愉悅感、基於對於伴侶的報復、基於釋放壓力尋求解脫、基於報恩的心情、基於感官的刺激……，好多好多的理由。或許，這些都是片面及表象的理由。

探索婚姻，許多婚姻中的當事者，面臨忠誠問題時，經常會懷疑婚姻這玩意是否符合人性？對一個人要永遠的在精神上、肉體上忠誠，可是非常困難的一件事，所以婚外情與婚內無情經常是並存的現象，無論如何，當事者總是要找了千百個理由，讓已往生的婚姻仍苟延殘喘地活下去。

婚姻的愛要以忠誠來維繫，這種靠權力不靠自我、自由維繫的愛，大部分的時候是危險的。儘管某些心理諮商師或性學專家，從生物、文化等層面說明夫妻忠誠義務是不可靠的，提出各式各樣證據，以證明一夫一妻的忠誠是有問題的，拼命打擊一夫一妻制，以自由與愛為名，希望找到對抗一夫一妻制衍生出來問題叢生的教條。對於婚姻出軌，關於性道德的批判，同樣的立足點，看法也可能不同，不同的立足點，看法卻可能相同。關於由忠誠出發作為對性道德的批判，這樣的觀點，是值得質疑的。實際的焦點，不應該放在忠誠，而是置於自我的選擇，以及與另一半的關係，自我與配偶間關係，決定了外遇的現象，至於外遇的情人，在婚姻這齣戲來講，只是重要的配角。從人性或忠誠討論婚姻產生的問題，永遠找不出解決問題的答案，所謂菩提本無樹，明鏡亦非台，就是這個這理。

真正的愛情必須建立在兩個自由的個體彼此認識和瞭解上

每個人都是獨一無二的個體，普遍的人性是不存在的，可以這麼說，個別獨特的人性是珍貴的，人們不瞭解這點，欲由生物、心理層面，找到普遍的標準，以致於枉然，也就是說以生物學觀點來看忠誠一事，過於忽略人在社會化過程所受到的影響。其次，把一夫一妻制與忠誠放在一起討論，欲試圖找出與外遇的關聯性，終屬徒然。

觀察普遍現象不是人性，是個人行為作用下的現象而已，若能瞭解這點，才能看清楚婚姻世界。否則，像多數婚姻懷疑論者所言，害怕不能永遠愛一個人，或是擔心違反一夫一妻制的精神，這是不道德的。但是，愛為何物？已無絕對。更何況，一夫一妻也只能是一種生活的選擇方式，假若雙方無法在平等條件下過著婚姻的生活，無法認清與另一半的關係，雙方在婚姻當中，可能就會處於戰鬥的狀態，這樣當然會出問題。前面所謂婚姻忠誠，不過是在討論人的不自由罷了，著名的社會學家齊格蒙·鮑曼Zygmunt Bauman討論自由時，他說：「社會學首先是做一門研究不自由的科學而發展起來」，甚至於對於未來，社會學顯得無能為力，連他都這麼說了，可見很難存在一套有系統的學問來解決婚姻忠誠的爭議點，但是關於看清外遇現象，作為自我判斷的依據，這是可行的。會提出疑問，是預設出了問題？或是根本沒有解答呢？

西蒙波娃在《第二性》第三卷正當的主張與邁向解放的結論說得很好：「為了使自

由獲得最高的勝利，男女必須超越他們天生的相異處，明確地證實彼此的友好關係。」也許，有人不贊同西蒙波娃關於女性是形成的而非天生的概念，會認為她的講法是違反自然的偏見，但是不可否認地，社會上關於男女的形象，在文明的社會，有著明顯普遍的不同，說穿了，亙古至今，那是一種不平等的觀念以及具體的實踐，為了打破如此不平等，女性的解放運動油然而生，乃屬正常。回到前述執著忠誠帶來的困擾，西波蒙娃基於自由的角度，說明了真正的愛情，無論戀愛中男女或是婚姻的伴侶，都可供參考：「真正的愛情必須建立在兩個自由的個體彼此認識和瞭解上，愛人們互相體會對方的情形，任何一方都不該放棄他的超越性，也不該自我摧殘，雙方共同揭發宇宙的價值和目標。在愛情奉獻自己和豐富內在世界，我們更能認識自己。」這是種烏托邦的想法嗎？看看黑人享有投票權，看看阿拉伯世界的女性開始享有被選舉權。不要再區分自由、保守主義，尊重、關心、體諒、包容、激情，這條配偶之愛的道路，藉由佛教正信之道的話來說，已是超越善惡的一條婚姻正道之路。

不應單純以性及樂趣來說明出軌的理由

許多討論婚姻忠誠的專書，其中，心理諮商師麗莎費雪巴赫／霍爾格連特合著《愛，不需要忠誠》一書，討論的內容及典型看法，也認為由忠誠出發，是無法維持夫妻關係圓滿。他們想要提供一個「反對」一夫一妻制的觀點，並說「不是反對一夫一妻制本身，而是反對由此衍生出問題叢生的教條」，其實是在質疑一夫一妻存在的合理性，又不願意直接說明。從生物學的角度說明一夫一妻制不合理，這是無據的。婚姻本是文化演進的一種制度，不是自然的產物，不斷的拿其他動物、昆蟲作比擬，再來推論配偶間的關係，扯得太遠又無關聯性。感覺與最後的理性，共同決定了人們對於與婚姻外異性的關係。可是，麗莎費雪巴赫／霍爾格連特卻抱持不同的觀點，他們說：「現代的腦部科學研究已經可以證明人類的理性能主宰的部分其實少之又少，我們聽命於下面的多於上面的；在肚臍以下的領域，不再有人談自由意志」，這是有問題的看法。一開始說過，可以簡化出軌理由，卻看不到真相，這二位心理醫師的看法即是如此：「長久以來，人們一直拼命在找『有意義』的性出軌理由，而不願理解滿足樂趣的解釋。如果問雌性動物和陌生的雄性動物發生性關係，她們要的是什麼？答案可能很簡單：樂趣！」如果真的這麼簡單，渡邊淳一的小說《失樂園》裡，婚外情的二個人相約殉情，這殉情是一種樂趣嗎？最表淺的外遇之因，當然是五官的感受，不過，這只是現象生成的原因，為何外遇者要享樂五官的感受？才是值得探討的。類似前述《失樂園》的外遇男女不能存在的愛的故事，多的不勝枚舉，所以只單純以性及樂趣來說明出軌的理由，是完全不正確的看法。

由一種流行的觀點，「對我們突然愛上第三者時，我們的『自我』會如何？愛情顯然毫不感興趣。從愛的觀點來說，很簡單，兩者都是愛。沒有差別！對主要伴侶的愛，和對第三者甚至對其他人的愛，肯定有不一樣的特徵！如果我們真的想要成長，最好就是接受愛的判決。我們需要做的很簡單——順從！」麗莎費雪巴赫／霍爾格連特又提出不一樣的看法，對嗎？所謂的突然，也許是一剎那，也許是一見鍾情，也許日久醞釀生情後的突然。無論如何，從時間觀點來看，這緣份的相遇，可以當作是一種邂逅，內心愉悅感持續加強及延續這股好感，繼而形成喜歡，再持續的愉悅與喜歡，終究產生了愛。或許，這樣的「突然」愛上第三者，有時間長短的差異，但是前述相遇到相愛歷程，才是重要的，絕不是像他們說的簡單「順從」。

關於婚外情一事，反擊清教徒的禁慾，批判宋明理學失節事大的道德哲學，難道簡單的用「享受樂趣」、「順從外遇」，就可以找到自我，得到自由嗎？當然不是這樣。即令不是以忠誠為核心，關於配偶間的愛，就算是女權主義先趨者西蒙波娃，在討論自由之際，也是以對方的關愛、自我瞭解、互相認知為前提，才會有最後的自我選擇，絕非摒棄忠誠後，就可以找到自我，暫不以佛洛伊德的本我、自我、超我為依據，本文所述的自我，主要在於認知及選擇，亦即自我的認知及選擇。其中，少了忠誠的制約，在婚姻正道中，基於自我價值的提升，純化了彼此心靈，關於配偶間的愛，更能理解及寬諒，更能互相關懷與包容，所謂的激情早已轉換為一種類似父母對子女間，那種超越利益的無私的愛，更能在開放婚姻的想法裡，反而真正的實踐了一夫一妻制。這是反婚姻忠誠義務者，難以想像的結局。

只能說將對配偶的激情轉化為超越利益的無私的愛，雖然困難，看作是一種圭臬，肯定是愛的昇華。愛，總是那麼來無影去無蹤。「我是愛你的」、「我是愛妳的」，可是我「無法自拔」的愛上了他／她，就是這麼回事！當作是性自由抒發，這是種迷失自我的外遇。「以感性引導人們去體驗統一和靈性（暫時的忘我）的非宗教和非性慾的方式，多到令人無所適從；無論是流行音樂會、狄斯可舞廳、愛的遊行，或是服用心理藥物，都可視為狂歡，心醉神迷的經驗。外遇也有同樣的效用，它讓人離開伴侶間已經無法擺脫的框架，外遇的人常常迷失了原本認識的自己。他跨出了道德的界限，擺脫種種限制，陷入未知，而且經常經歷興奮的狀態，甚至狂喜。如果狂喜意謂著『渾然忘我』，那麼每個離開典型雙人伴侶關係的外遇者，進入的便是『兩人共同的我』以外的領域」，麗莎費雪巴赫／霍爾格連特所說的外遇，是種尋找狂喜的觀點，所述僅僅是迷失自我的外遇類型。難道有不迷失自我的外遇？有的。在自我形象認知、價值確認、最後的選擇，伴隨著與配偶間關係的變化，這種類型的外遇，是自我決定下的產物，聽起來很理性，一點也不浪漫，與外遇好像是平行的二條線，沒有交集。然則，浪漫的外遇只是外在的現象，真正激起如此浪漫的，還是基於自我的決定。

自我與配偶的愛才是影響婚姻關係的真正成因

西班牙哲學大師費南多薩巴特在《對與錯的人生邏輯課》，他說：「我們叫作『悔恨』的東西，僅僅是錯誤地行使自由時，或者說當我們使用與人類內心真正要達到的目的相左時，我們對自己感到的不滿。而『負責任』，就是知道身心確實自由——它所帶來的影響，可好可壞。」理解這點之後，外遇還是自己的決定。關於自由，他繼而說：「自由就是可以說『行』或『不行』，做或者不做。自由就是做決定，你也別忘了，一定要對你的決定心知肚明。」有的婚姻樹已無生機，失根無葉，醜得令人難以多看一眼，可是，就有人為了維持枯枝樹狀，想要維持那丁點的顏面，想像成是一種尊嚴，或是為了在那婚姻土地占有一席之地，就是不願剷除這顆已然枯竭又了無生機的婚姻之樹。如此狀態之下，有的人選擇外遇，有的人選擇不外遇。關於自我與配偶的愛，才是交織影響配偶間的關係，出軌的真正成因。

回到良緣之初，二人有何相約？

一種描述新婚夫妻的簡單幸福，可以說明婚姻中的純真、閒散、幸福、快樂。隨著時間的消逝，人們庸庸碌碌的生活，原初的愛的單純無知，變得不單純，伴侶間的關係起了變化，交織著自我選擇，出軌又是另一回事。高行健的短篇小說〈圓恩寺〉淡淡的道出婚姻的幸福，描述新婚夫婦隨意閒散都是一種幸福快樂：「我們在河水中赤腳摸索著前進。好像沒有赤腳走路了，就連河床上光滑的石子也覺得扎腳。『扎腳嗎？』我問方方。『我喜歡，』你輕聲回答。在我們的蜜月中，就連扎腳也是種幸福的感覺。而人世間的一切不幸都彷彿在我們的腳踝間流走了。我們也彷彿回到了童年時代，赤著腳，像淘氣的孩子一般戲水。」自我認知的童年，這種純真快樂是很容易理解的，於此脈絡之下，透過與社會連結而形塑的自我，作出了最後的選擇，締結了婚姻，如果沒有認識到這樣的過程，也許，又是樁迷失的婚姻。戀愛的婚姻是自由幸福的，非戀愛成立的婚姻，是無奈的自由？是不自由的無奈？幸福與否？只有自己能體會了！

找到自我的愛情才能贏得幸福

在婚姻當中，配偶的愛，能持續的發酵起作用，延續著新婚夫妻的簡單幸福，只是轉換成不同的表現型態，其內涵超越了利益，是相互間的尊重、關心、體諒、包容，當然偶爾少不了激情。同樣地，自我與配偶的愛的交織影響下，決定了當事人的婚外情與否，再由此區分各種不同的外遇類型。大體上就如同前述，迷失的外遇與不迷失的外遇是不同的，迷失的外遇多半是悔恨的、無知的、貪婪的、衝動的；不迷失的外遇，則是真正出於自我的選擇。

或許在幸福的婚姻當中，有的人還是發生了不迷失的外遇。多數的情況是，伴隨著不幸福的婚姻，又囿於某些因素不結束這段婚姻，再基於迷失的自我，發生了婚外情，以致於滿坑滿谷的抓姦故事，經常在新聞媒體八卦報導的奇形怪狀的抓姦現場，大老婆扯小三頭髮，戴綠帽的老公將老王給痛扁一頓，都是類似的情況。有人說儘管婚姻不幸福，仍謹守著不外遇原則，這是高道德的，我認為並非如此。婚姻樹已死，為何還要死守這棵乾癟到可以當柴燒的枯樹呢？這才是問題所在，外遇與否反而不是重點了。在這樣的觀點下，可以明瞭這是一種人生自我選擇，實在沒有什麼是非對錯。

能夠沐浴在配偶的愛，又能找到自我，享受著齊人之福，頗令世人稱羨；享受著配偶的愛，卻迷失自我，大享出軌雙人行，這種外遇者，事後總有許多悔恨的理由；配偶的愛已然消逝，在確認自我的決定下，毅然出軌者，也許有好多不為外人道的心酸。我們無法去評價每一段婚姻的是非對錯，但是就所看到的各種出軌的現象，多多少少帶來不一樣的觀點，值得眾人參考。費南多薩巴特曾說過：「要相信，有一種智慧可以使你活得比現在更好；要相信，有一種本能可能讓你贏得幸福的陪伴。」這樣成長智慧、本能發揮的結果，就算是婚姻出了軌，人還是能生活得好、贏得幸福。

情婦的角色

觀察外遇的對象，由情人們自我確認的觀點，再往婚姻裡觀察，會覺得婚姻內外的感情世界，都是一片清新，都是愛。為何婚姻內的愛就比婚姻外的愛來得高尚，其理何在？如若都是平等的愛，只因道德性的批判，而婚姻外的愛就必須退讓，或是說小三的愛不是愛，愛豈非愛了？提及外遇的愛，感覺空氣中像是混雜著污濁氣息，瀰漫著讓人嗤之以鼻的臭味，這樣的觀點對嗎？或許，衛道之人應重新省思出軌一事。

成為情婦是出於「自我的選擇」

Victoria Griffin 是一位「專業的情婦」，她說：「我從不否認，扮演情婦這個角色是很危險的。如果我這輩子能夠避免造成任何傷害，比如讓妻子（與丈夫）心碎、或者讓小孩受創，只能算我真的很走運。截至目前為止，我是幸運的，但我希望這些人和我自身的幸福，不必只靠運氣，而可以取決於我對自己所為的清楚認知。我知道我的角色不是和妻子抗衡，也不能太依賴愛情，必須知道怎麼去愛，以及如何抽身，更重要是，在什麼時候抽身。為了這個目的，我認為首先必須瞭解並實踐愛與占有之間的基本差異。」她清楚的自我認知，婚姻內的當事者也是同樣的道理，人本來就應該基於自我認知及價值的確認，而選擇自己要過的生活。雙方決定成為伴侶或配偶，究竟在性生活之外，是否想要締結婚姻？也是個人的選擇，一旦社會這外者介入了，什麼傳統、習俗、倫理、道德等等，統統跑出來插一腳，如此一來，管你什麼自我選擇，社會已經幫你選好了，是非對錯及標準都為你訂好了，安於此生被壓抑及被註定好的生活，或許也是一種選擇。

但是，Victoria Griffin 可不安於此，她以情婦與詩人的身份，寫了《情婦》The Mistress 這本書，作為情婦實踐的典範。她從自我認知的角度，講述歷史上各式各樣的情婦，並分析這些情婦所扮演的角色，讓局外人更能清楚的看見不同面向的情婦，當然，在她的心中，很清楚的瞭解：「女人不一定要和美國電視影集的女主角一樣，而且女人的生命價值，也並非取決於她能不能、或者能否盡快進入家庭，扮演妻子與母親的角色。」結婚與否，取決於自我認知，外人實無須過於強求。

作者發現自已作為一個情婦，不畏社會道德壓力，也無須社會的認同，是出於自己的自信，她說有股力量在支撐著她，這股力量來自於她小時候母親無條件的愛，在母親全面的愛的滋養之下，讓她心靈有所依靠，讓她清楚知道自己在做什麼。所以，她不相信外遇的偶然性，她成為情婦是出於「自我的選擇」，並非出於無奈、宿命或是不得不之類的奇怪理由，與多數婚姻內的迷失者相比，難道不是一種高尚？這又不得不呼應了配偶或伴侶的愛的重要性，或是說人的一生，從小時候開始，童年的愛影響成長之後的自我形象，長大了，配偶的愛又是另一種關係，也會改變成年後自我形象。總之，愛扮演了很重要的角色，愛之於人，其形象及價值確認，都取決於這些關鍵性影響的愛。Victoria Griffin 在母親的關愛下成長，也讓她能清楚找到自我，尚非妄為迷失的情婦。

關於情婦的最終歸屬，當然，大部分男人通常都是膽小鬼，敢做不敢當，迷失的外遇的典型占了大多數，一旦妻子發現了丈夫的出軌那一天，就是婚外情的末日了。配偶的愛與情婦的愛，盡皆為愛，是無法比較的。然而，本質上除了心靈的激情或肉體性慾外，應該存在著關於對方的慈悲、善良、關懷與包容。

Victoria Griffin 作為一位很優秀的情婦，關於愛，她說得很好：「『我愛你』當然也包括了『我希望你的家人都好』、『我希望你和孩子相處和樂』、『我愛你的家人，因為他們是你的一部分』。因此，合乎邏輯的結論是『如果我們的感情威脅到你的幸福，如果它威脅了你的家人，我隨時準備讓你走』。這一點，說的比做的容易。當然我們總會說服自己，這段感情對愛人有益，當然也對他的家人有益。」她不僅從別人的愛情故事，學習到這樣的理論，更重要的她親身實踐，她認為這種愛情，或是說，愛人不就應該如此嗎？

實踐超越利益的愛

著名的偉大情人哀綠綺思（Heloise），對 Victoria Griffin 愛情觀有很大的影響。中世紀的哀綠綺思與阿伯拉的故事，是很有名的愛情故事。阿伯拉（Abelard）是十二世紀初的神學家，擔任巴黎聖母院牧師Fulbert之十七歲姪女哀綠綺思的家庭教師，後來發生相差近二十歲的師生戀，並秘密結婚生子，不見容當時社會。叔叔Fulbert發現二人戀情，為報復阿伯拉的失德行徑，派人暗地裡將阿伯拉給閹割了。後來，阿伯拉安排哀綠綺思到修道院擔任修女，自已最後也在另一個修道院擔任修士，二人多年來互訴愛意衷情魚雁往返多年寫成的情書，永流傳於後世，他們在保守教會思想籠罩下的社會，所表現出的愛情哲學，在當時是與眾不同的。哀綠綺思不希望婚姻束縛了阿伯拉，同意被阿伯拉安排至修道院，以此相許終生相愛阿拍拉，卻又超越肉體上的歡愉，哀綠綺思對愛情的獨特看法，著實是一場超越時空的戀情，他們情書中最有名的一句話：「婚姻不是愛情的墳墓嗎？」誠然饒富哲理。

梁實秋在翻譯《阿伯拉與哀綠綺思的情書》曾說過：「誘發情慾的書多得很，當今不少一束一束的情書發表。但是這一部古人的情書，則異於是，裡面情致雖然纏綿，文辭卻極雅緻，並且用意不在勾引挑動，而在情感的集中，純潔而沉痛，由肉的愛進而為靈的愛，真可謂超凡入聖，境界高超極了。我的一位老師說過：『人生有三種境界：

一是自然的，二是人性的，三是宗教的。』在自然的境界，人與禽獸無異；在人性的境界，情感得到理性的制裁；在宗教的境界，才有真正的高尚的精神生活。在現今這個人慾橫流的時代，我們要努力的該是以理性制裁感情，像我這如今譯的這部書精神的情書，大概是不合時宜吧？」雖然不同意梁先生所謂理性制裁感情這種講法，不過，人慾如果真的橫流，倒是應該看看人家偉大的情書到底寫些什麼，多多瞭解超脫肉體的愛情，以此確認自我的形象，至少在肉慾的愛情上，能夠誠實、坦然面對自我，如此理性與感性交融下的愛情，不至於像梁先生所述的被理性給框住了。

哀綠綺思和阿伯拉的愛情故事，史上最偉大的愛情故事之一。Victoria Griffin 認為哀綠綺思對於婚姻與情婦的看法，與她自己的認知不謀而合，主要在於幾個重點：第一，愛情的非利益本質會被婚姻所破壞；第二，愛情的喜悅與自由會被婚姻所束縛；第三，婚姻會讓有才華之人失去方向。從女性主義的某個觀點的看法，哀綠綺思並未因與阿伯拉的失敗愛情而人生失敗，反而經此考驗，跳脫束縛的愛，有了更上一層的人生，於聖靈堂修道院重新尋找自我，進而選擇自我，在淒美的愛情故事外，實踐了超越利益的愛。廣大的小三、老王們，在婚外情具體實踐，不妨多多瞭解及思考哀綠綺思的愛情故事，找到屬於適合自己的一種方式，或許會找到人生下一站的幸福。

迷失的出軌者不足以引人同情

談到幸福，一定要提到《陪妳到最後》這部電影。改編自荷蘭作家 Ray Kluun 的同名小說，據稱刷新荷蘭影史賣座紀錄。小說在德國《明鏡週刊》暢銷榜持續幾十週以上，故事發生在荷蘭的阿姆斯特丹，荷蘭人對性的看法，有其不同於我們的文化底蘊，在這本書裡面所描述的性開放，是讓我難以理解的，能夠瞭解的是，這些都是自我認知的過程及選擇，無論如何，在一夫一妻的婚姻制度下，就算男主角婚前是個花花公子，女主角深深的愛著他，還是結婚了。

不過，花花公子本性難移，婚後還是東劈西搞的出軌了好幾次，女主角知道了還是會火大，表面上說是不能原諒，但終歸於好，因為女主角得了癌症，只剩那麼短暫的生命，老公還要再亂搞嗎？當然不會，所以停止出軌的時間是很短暫的，原因在於伴侶的生命也即將告終，短促的生命與暫停的外遇，二相呼應。會「陪妳到最後」，不就因為時間是那麼的短促，不難想像當事者會暫停出軌，或是說就算修為再差的人，也是會這麼做的，竟被說嘴成感動的幸福。男主角自認有孤獨恐懼症，害怕單一伴侶共同生活的病態心理，會無法克制地強迫自已做出外遇的舉動，一言蔽之還真是會說嘴。男主角說：「我覺得偷吃不算什麼，就像自慰一樣，只不過是多了一個女人罷了！」不能理解的是，女主角得了乳癌都快掛了，男主角還在夜夜笙歌，到夜店搞到三更半夜才回家，當然又是吵得不可開交，鬧到要離婚之地步，最後在真心話大冒險的真情告白之後，又言歸於好。奇妙的是，男主角竟從女主角的口中，得知天大的秘密，為了報復男主角的外遇，其實女主角也曾經發生過出軌事件。

再回到女主角快要過世前的場景，快死的太太對著男主角說：「從現在開始，你不可以再對我不忠，至少在我有生之年不行。」男主角剛開始，確實信守承諾，然而就像他自己說的，外遇就像吸毒一樣，會讓人上癮的。所以和情婦只保持距離四個月時間，而且是認識他老婆以來，頭一次這麼久的時間沒有胡搞。男主角說：「我心裡的孤獨恐懼症笑我說，我現在是雙面人，偷偷背著卡門（女主角）跟另外一個女人在一起，可是跟這兩個女人都無法上床。有時候如果玫瑰（情婦）在咖啡館對我稍微有一些撫摸的動作時，我整個人就快爆炸了，這時我，回家就會趕快衝進廁所或浴室幻想著跟她做愛」、「就在一次剛做完化療的晚上（女主角癌末做化療），噩夢來了，我打電話給玫瑰，她在家，十五分鐘後我到她家，她安慰著我，然後我們擁抱、做愛。剛開始她還有點反抗，但最後還是屈服了，我們在她家的地毯上做愛，不到一分鐘我就高潮了。我們抱著對方，兩個人都哭了。」我在書的這段下方的眉批是：「哭個屁啊！是卡門應該痛哭流涕吧！」有人說看完這本書，是流著眼淚讀完；可是，我是容易感動的人，卻沒有這種感覺。也許，對於逝去的女主角，在最後的一段生命旅程，男主角能略為痛改外遇前非，好好陪她走過最後一段生命之路，就已足夠，帶著感到安慰的心情離開人世。

關於這種迷失的出軌者，不足以引人同情，或是找不到感動的契機。或許，配偶不能忍受迷失的外遇，自我也無法不後悔一而再，再而三的出軌事件，這種花花公子，永遠保持單身應該是比較恰當的，當然，是否要結婚？只要與另一半溝通清楚就可以，婚前的甜言蜜語以及對婚姻浪漫的憧憬，在如此朦朧美妙情況下，結成連理，只是無論如何，自我的確認與自由是不同的二件事，這是要分清楚的。更何況，對於不可抗拒的一再出軌，若是出於迷思，只能平添悔恨，就如同費南多沙巴特所說：「當不可抗拒出現時，一個人就開始變得不自由，變成一個傀儡，沒法去做任何自主行為」。男人們對於出軌之不可抗拒事件，實在應該好好想一想。況且，男人之於女人，詩人拜倫說：「愛情是男人生命中的一部分，卻是女人生命的全部。」西蒙波娃說這樣的講法很正確，不過，基於她是開創女性主義新時代的想法，自有其立場，然而信者恆信，不信者恆不信；無所謂是非對錯，稍稍而論，可以帶給男人一種反省的機會罷了。

認清楚配偶或伴侶的愛，由此確認自我，發生出軌事件，至少不會有不得不之類的抗辯，迷失的出軌，經常是沒臉見人，才會問題一堆。明白說，出軌為何還要解釋呢？也是自我的愛的一種，只是關於配偶，該如何面對？終究，還是兩個人的事情。

開放配偶的關係

即令女性於現在的社會地位提高不少，或是說在各個層面，於自我個體的主體性確認，多能獲得認同，女性物化的程度，與過往相比已千差萬別。然而，男性在婚姻中的沙文主義，確實仍有不少殘存的遺跡，甚至可以說仍是現在進行式的普遍現象。一般來說，西蒙波娃女性主義之母地位，才會始終不減，這麼多年來對女權運動來說，西蒙波娃的各式研究，仍然引領風潮。她最有名的女性形成說：「一個人之為女人，與其說是『天生』的，不如說是『形成』的。沒有任何生理上，心理上，或經濟上的定命；能決斷女人在社會中的地位；而是人類文化的整體，產生這居間於男性與無性中的所謂『女性』」。

男女性自由觀點大不同

社會文化對於人的形象有著重要性的影響較大，至於自然生理層面的影響較小，是可以認同的結論。由此觀點出發，西蒙波娃發現女人從一開始就被教導要取悅別人，必須將自己變成『物』，人們才會歡喜，會放棄作為主體的自發性。儘管她強調文化形成了女性這角色，要從文化上的第二性回歸自我，以確認其主體性，不過，在其第二性書中，仍有許多從生物性的觀點來說明其理論基礎：「通常，她能隨時被男人所取悅，而男性卻只能在勃起時和她發生關係。……『身體構造之命運』，對男人和女人大有不同，而同樣有差別的是他們的道德上與社會上之處境。男權主義之文化將女人奉獻給貞操；它多少承認男人的性自由，而女人卻被限制於婚姻。」

前述觀點講到了重點，在於男人的性關係未受限於婚姻，女人的性關係卻受限於婚姻，說起來男人像發情的公狗一樣，隨著時代的進展，公狗型的男性比例上應該減少許多，但是數量上仍屬可觀，婚姻中的男女平等，始終是婚姻法討論的課題。

提高女性的主體性才能彰顯其配偶的愛

為瞭解決前述問題，西蒙波娃提出的看法，值得我們深思：「只要男女不互相承認雙方是和他一樣的人，換句話說只要傳統的女性特質概念一直持續下去，那麼雙方的爭執還是會繼續下去。」其實簡單來說，就是找回人的主體性，人與人間的對立就會消弭或是減少。婚姻中的男女亦是如此，配偶或伴侶的愛，其本質上存在著相互的尊重、體諒、關心、包容、激情，只有將女性的主體性提高，其配偶的愛才能彰顯出來。然而，這裡僅同意主體性，確實是配偶之愛很重要的一個觀察方向，可是對於人與人的區隔是否為問題的來源？有待商榷。循著前述脈絡而來，會發現瞭解女性的出軌，比男性出軌的研究要來得重要，男性或多或少比較容易確認自我，而女性在社會規範或道德壓力，以至於無形的文化形塑，較不易確認自我。也就是說，女性的出軌，究竟是迷失自我，抑或是在婚姻中重新找到自我，而發生了出軌事件，經常難以區分。此時，配偶的愛對於彼此是否可能發展婚外情，就有了舉足輕重的影響力，到頭來還是回歸於自己的決定，無所謂道德的問題。

在一些關於愛情或是性的相關書籍、電影，性冷感或是父權體系壓抑下的妻子，與陌生人發生性愛之類題材的電影、書籍，生機蓬勃，對於先生的性冷感，卻在意外與陌生男子的邂逅，徜徉肉體的歡愉，彷彿渾然忘我，如此感覺，帶來前所未有的快感，甚至找到真正的性高潮。像是電影《麥迪遜之橋》，就是探討此類女性關於家庭、情慾之典型；電影《東京奏鳴曲》劇情之一，小偷將人妻押走，人妻在家庭生活中所承受巨大的壓力，終於在與陌生小偷的一夜纏綿後，得以釋放，如此誇張、高潮的橋段，值得男人們省思。婚姻中沒有平等、自由及伴侶之愛，什麼奇怪的性事都可能發生。當充滿空氣壓力的汽球，束口解開後，消了氣的汽球，會飛往哪個方向，沒有人會知道的。

莫將另一半視為客體的終生伴侶關係

這裡，還有一個重要的課題應該被討論，前面說過，婚姻中配偶的愛，其本質是尊重、體諒、關心、包容、激情。在一夫一妻制的婚姻，有些人選擇了一個自己無法遵守的規則而不自知，卻又自認為可以遵守規則，這種知行不能合一的矛盾，導致出軌，通常屬於迷失的婚外情。假若雙方同意開放式婚姻關係，對於一夫一妻制婚姻，抱持著形式上世俗，實質上脫俗，彼此對於婚姻外的性關係，採取開放式的態度，才有可能在這樣的制度下，和諧的生活。不然就要像沙特與西蒙波娃的愛情哲學，雙方約定不結婚不生育，不會有一夫一妻制的束縛，卻能互相成為終生的伴侶，此生不渝，共同建立一個「我們」。

無論是選擇普遍的婚姻，或是選擇了沙特與波娃的伴侶關係，或是選擇開放式的婚姻關係，都是個人的選擇，但伴侶或是配偶的愛，會是其中的核心，影響著雙方的伴侶關係，這層關係有此無形的連結得以穩固，始得將雙方合則為一個「我們」，這樣的我們的關係，在互相自我的認知及對愛情的選擇下，圓滿順利與時俱進，不會隨著時間的流逝，使得愛情的鮮度降低了，而導致最終離婚或分手收場。這種伴侶的愛，因為互相的尊重，彼此確認個體的身份，這樣的身份是基於主體性而存在於世界，沒有當對方是客體加以對待。

所謂終生的伴侶關係，這樣的終生雖非永恆，卻是至死仍能維繫雙方情感的一層關係，人難以獨立而活，有錢或可請看護或佣人照顧自己，只是表象上的照護關係，缺乏了讓人感動關心，無法讓人感到心靈的溫暖，缺乏溫度的心靈，易歸於停滯而後消失無蹤；此外，伴侶間經常是親密易生輕侮之舉，無心之過，一言之差，易生雙方相處上的齟齬，無論是言語口角或是心中的不滿，在所難免，若是少了彼此的包容，內心的憤懣不平，經年累月下來，伴侶之情將與時俱減，這個我們的關係，將因無法包容，進而無法相處，乃屬正常。伴侶間的激情，原初的熱烈，會隨著時間遞嬗趨於平淡，可能只有在性愛之際，才能激起雙方情慾，讓肉體再次的連結。於此再度闡明配偶或伴侶之愛的重要性，也許是簡單概念，經常因個人品格、修為、個性及與對方的互動關係，有其實踐起來的難度，愛情之偉大及其可貴，由此益見。

「開放配偶」深刻描述男女在婚姻關係中的不平等

一齣舞台劇「開放配偶」，討論夫妻間的關係，形式上的伴侶彼此所擁有的自由、開放、平等，在婚姻愛情的實踐，實質的關係才是更重要的，劇情內容值得省思，可以作為配偶的愛的小結。一九九七年諾貝爾文學獎得主 Dario Fo 達利歐弗和他的藝術伴侶 Franca Rame 法蘭卡蘭梅，合寫了此部有名的劇本——「開放配偶」，徹頭徹尾地顯示了男女對於開放的婚姻的大不同，劇本中許多男女詼諧、幽默、諷刺、戲謔、坦然、真實的對白，簡直就是多數的現實婚姻的寫照。達利歐弗是位不掉書袋而平實的劇本創作者，常以一種接近普羅大眾的方式，發表他的看法，他的通俗表演及維護弱勢的立場，贏得世人的尊敬，終而獲得諾貝爾文學獎，發表得獎致詞時，也用一種揶揄的方式表達感謝之意，當然不忘讚美她的「藝術伴侶」法蘭卡蘭梅，夫妻琴瑟和鳴，共同創作相愛生活，譜出美妙的愛情戀曲。

「開放配偶」，顧名思義是開放式的婚姻關係，所謂開放不外乎性的開放。這故事內容很簡單，就是夫妻間的日常相處上的對白，描繪出男女在婚姻中相異的角色，呈現不同的現象。

從太太的一哭二鬧三上吊，開始了這個故事，因為先生的不斷外遇，太太一下子把自己從窗戶丟出去，這會兒吃藥鬧自殺，一下子要去上吊，那會兒又拿著槍鬧著玩，不要說自己討厭這樣的日子，連兒子都覺得媽媽的人生應該作些改變，還不是先生的花心惹的禍。先生的出軌，只不過是婚姻整體的一部分，卻能放大到其他婚姻中的男女地位高低、權力關係及愛慾的表現。接著，太太表示這些悲劇不都是先生搞七捻三造成的嗎？先生依循著社會男性關於性關係傳統看法，說明不就只是性關係嘛，與太太才是一種尊敬的愛的關係。先生很有想法，很會說話。甚至向太太承認家讓他有安全感，卻又認為婚姻和家庭是為了經濟利益而存在。並基於平等原則，向太太洗腦建立一種開放式的婚姻關係，也許，他相信太太不可能會發生外遇，她總是溫馴的面對婚姻的生活，頂多在發現他開展一段新戀情時，習慣性的胡鬧一場，事過境遷後，還是會回歸平淡。

原本，太太也認命的如此生活，但是連兒子都認為既然是開放的婚姻，爸爸可以追求其他女人，媽媽應該也可以找個男人吧！當太太向先生表述她的開放式的戀情時，先生訝異太太竟也有這麼「棒」的生活，角色的反轉，讓他一時無法接受。男人可以有脫軌的性自由，因為是開放式婚姻。不過，脫軌性自由這句話由太太口中說出，已是夠嗆了，還不是講講而已，真的具體實踐，那可不得了，先生表面上暫時維持冷靜的態度，一旦見到太太的新情人，是會鬧出人命的。男人無法接受女人為爭取平權所表現的一切，然而，確實存在不平等的事實，女性主義才有生存的空間。先生不過假開放配偶的藉口，合理化自己不斷的外遇，直接式的沙文主義早已銷聲匿跡，卻隱藏在婚姻中的角落裡。

對立，終歸引起太太的反擊，尤其是壓抑的愈大，反擊的力道愈強。先生像是公狗一樣，隨時可以發情。太太說出了實情，先生所建議的開放式婚姻，不過是一方的開放，這一方就是先生而已，假若太太也開放的話，婚姻就會出現裂縫，這就是真相。先生也會好奇，到底太太的是柏拉圖式的精神外遇呢？還是真的跑去外面做愛。

男：「希望妳不介意我問個輕率的問題……你們曾經在一起……我是說，你們一起做過愛嗎？」

女：「當他問這問題時，這個坦率、開放的丈夫……開放夫妻男的另一半……他的病又發作了……」

男：「省略細節好不好？我呼吸急促，回答我的問題。」

女：「我很想說『有』，但答案是『沒有』」

先生關於開放配偶關係，表面上是公平的。實質上，內心是不能接受的，不是只有好奇心，而是希望太太給他一個你永遠愛我，太太是永遠不會出軌的答案。出軌是男人的特權，在這樣的想法之下，配偶的愛已經變調，出軌根本不是影響婚姻基礎的破壞者，關係的變化才是原因，人們經常倒果為因的看待出軌一事。

男：「你們甚麼時候快速幹一場？妳還沒告訴我。」

女：「那種關係不重要……相信我……那只不過是性慾而已。」

男：「妳是在諷刺我嗎？那是我的台詞。」

先生則是在與太太吵架時也能激起性慾的，因此，太太覺得老是被當作一個洞在使用的物品，讓她覺得很反感，終於展開絕地大反攻，認真的當一個開放配偶，先生發現太太當真變成開放配偶時，開始後悔阻止，太太火大的說原初也是他一直講一直講，強迫太太接受這開放式婚姻，當她親身實踐時，又跑來搞破壞，真是個混蛋！

女：「你終於明白了，一個人必須承認——開放夫妻也有壞處。規則一：為了開放夫妻的適當運作，只有一方可以開放，因為如果二者都開放，就會出現可怕的裂縫。」

男：「妳說得沒錯，當我可以把妳甩掉時，我覺得好棒。我利用妳，拋棄妳，但是如果有任何人敢把妳撿起來——小心！……」

男：「我沒有答應妳任何事……」

女：「你是個混蛋，我的意思是，你做的每一件事就是要讓我接受『開放夫妻』這個令人噁心想法——這樣才現代，才文明，這種想法讓我想吐，可是——為了讓你高興，我接受了。我覺得很難受，你就一直講一直講，我只好找時間去做，追求男人。我找到一個，我喜歡他，我墜入情網了，而現在，你這個混蛋，就要來破壞每件事……」

男：「但是我愛妳。總而言之我在做什麼？我只是想跟妳做愛而已。」

女：「他想要的就是這個！這麼多年你甚至不曉得我的存在，你甚至沒看到我這個人。好了，現在來了個原子科學家，你就要我跟你在桌子上做愛，電話還卡在我背後！然後他又要跟我談什麼開放夫妻！不，你就是要用法律再占有你已經失去的東西，如果條件談得攏的話，你甚至可以把我租出去，但就是不放我走。要是可以的話，你還會用一塊燒紅的鐵，在我的屁股上烙個印——像牛一樣。」

不過，後來換先生落寞而假裝學太太鬧自殺時，太太又不捨的說，外遇情節都是騙他的，她所講的情人根本就不存在；這時，先生竟說自殺之事才是騙她的，表示先生的權威及聰明。太太善意的謊言，竟換來先生惡意的欺騙。結局是，太太的情人按了電鈴進了門，先生只能匆匆難耐把其自卑感給親手埋葬了。

「開放配偶」是達利歐弗／法蘭卡蘭梅有名的舞台劇，深刻描述男女婚姻中的不平等，導致對立決裂，幸福無法建立在一方的欺騙，無法在婚姻中顯現配偶的愛，再多的甜言蜜語，也無法延續相遇時的愛。開放配偶，似乎穩固了一夫一妻的地位，其實不盡然，開放是內心的開放，重點還是在於配偶的愛。到底夫妻如何實踐自己的情愛，那是自己的事情，連結到另一半的關係時，互相交織而生終局決定，至於彼此如何去看待對方的性自由，從開放配偶的故事中，可以得到一個答案，先問問自己吧！普遍對於婚姻終結後的男女處境，西蒙波娃說：「愛情決裂會在男人身上深深留下痕跡，但是畢竟他還有職業生活讓他支撐下去。被拋棄的女人則落得什麼也不是，也不再擁有任何東西。」不服氣的男人，也許可以用實證來推翻她的結論吧！

一旦夫妻能理解，配偶的愛，若是能盡可能地做到超越利益的愛，才能夠更加彰顯婚姻的可貴，不至於發生西蒙波娃所說的情形。而且要記住，不是只有女人會被拋棄而已，先生將太太當客體對待時，自己也將面臨同樣的命運。最後重申，沒有確認自我將配偶的愛，內化成身心的一部分，將難以經常探觸體會婚姻中的愛情，外遇的肉慾感官享樂，僅僅是身心的迷失，其後自招苦難纏身，是誰造成的呢？

一夫一妻制的性愛

配偶、伴侶的愛與性，私密而又神秘。關於性愛，總是連結在一起，純純的愛，似乎無法在婚姻期間維持相當的熱度，原初相愛時的愛戀與性愛，總是溫暖熱情，隨時間的進程，而愈趨降溫，然而，關於伴侶間的性，是否因為一夫一妻制，而應該有某種邏輯呢？當伴侶間性趣發生問題時，有無可遵循的法則，讓彼此再度燃起原初的愛戀性呢？

達爾文生物演化論的觀點

由生物學的觀點來看人的生存及性的演化，達爾文於一八五九年及一八七一年所發表的《物種起源》及《人類起源》，儼然成為資本主義下，富者及所有既得利益者解釋一切現象的最好理由。當窮人失去工作，生活悲慘時，富人提供的理由是：物競天擇、優勝劣敗、適者生存。這樣的批評雖然有些嚴厲，但似乎也不是空穴來風。隨著時代變遷，愈來愈多哲學家及生物學家對達爾文的演化論提出批判。不過，大體而言，這些批判都不減人類對於演化論的喜愛，畢竟用科學的方式來解釋人的生存法則，是相當理性可接受的。

人類及人性對演化論的狂熱程度，直至今日仍然是個謎。毋庸置疑，達爾文的成就確實非凡，然平心而論，達爾文在發表「物種起源」以前，並沒有非常卓越的學術研究背景，他於研修醫學失敗後曾轉而攻讀神學，之後就加入小獵犬號探險隊。他的理論也是立基於非常有限的樣本，並本於一個非常簡單的邏輯，即「生存競爭」。在達爾文提出「物種起源」後，為了彌補「天擇」理論的缺陷，甚至提出了頗具爭議的「性擇」理論，認為演化除了依靠生存競爭外，也依靠雄性間的求偶競爭，此說一起，果然大受歡迎，許多人便依據達爾文的性擇說，來解釋動物與甚至人類社會的性行為。

性行為無疑是人類故事的序曲，但是否有邏輯可言？

演化生物學者及演化心理學者顯然認為如此，他們認為所有性行為皆有邏輯可言，他們更提出大膽假設：人類只是第三種猩猩。這樣的觀點興起於莫里斯於一九六七年所著的《裸猿》，書中認為人類的所有行為，包括性，都是基於演化而來。

婚姻是文明的產物

科學證據顯示，人類與黑猩猩與矮黑猩猩的基因大致相同。但是人類到底比較偏向何者，並無答案。在猩猩的世界中，只有長臂猿是唯一實施單偶制的群體，至於矮黑猩猩則崇尚雜交。即使是實施單偶制長臂猿，實際上仍會玩外遇的把戲。

雖然許多演化學者喜歡把動物拿來與人類作比較，然而實際上，仍無法就動物的婚外性行為提出任何說明，因為動物之間並沒有所謂的婚姻制度可言（至少我們無法證明）。婚姻是文明的產物，動物間的性行為，無論是單伴侶或是多伴侶的方式，終究和人類是完全不同的，甚且也無法用統計的方式，找到演化的證據。同樣地，人們也無法就人類的婚外性行為提出可信的統計資料，因為會玩婚外情的人類，通常傾向隱瞞實情。不過，在此可提出一個問題：大部分動物為何要行多偶制？人類選擇行單偶制及婚外情並存，而捨棄多偶制的理由又是什麼？

前者的答案似乎很簡單，許多人都能夠回答：「為了物種繁衍」。只要跟愈多的同物種交配，物種生存與演化的機率就愈高。不過，這樣的答案恐怕並非全然正確，因為即使演化論的結論是正確的，也只能說動物的多偶造成了其物種繁衍與生存的結果。動物的多偶是出自於什麼目的，是何原因？甚至無法確切認定，動物的交配絕對受發情期的限制。人無法與動物對話，如同動物無法理解人類行為一樣。如此一來，動物行多偶制的邏輯，實在難言。

另一方面，人類行單偶制與婚外情的理由又更顯「懸疑」。行單偶制及婚外情有什麼好處？又有什麼壞處？在考慮這些制度的理由背後，可以先試想婚外性行為的好處與壞處。好處諸如：多重伴侶多重快樂、新鮮感、刺激感、滿足多元性需求……。壞處似乎更容易聯想：人倫敗壞、道德淪喪、婚姻不再有價值及意義、家庭悲劇……，然而最大的壞處莫過於：男人無法確認他的子女是誰？因此，一種群體利益價值的選擇，竟也與一夫一妻制搭上了線。

實行一夫一妻制與父權主義之間的關係

人類的祖先似乎也想到了這一點，所以世界所有國家最初的通姦罪理由都只有一個：為了避免妻子在外面搞了一個野種回來。顯而易見，大體而言，女人並沒有「自己懷胎十月生出的小孩是否是自己的血親」之疑慮，但是男人可就不同了。維繫婚姻、倫理及家庭制度，對男人而言可謂至關重要，所以各國的親屬法及繼承法，重點都在探究：「婚生子女的認定」及「誰有遺產繼承權」兩者，隨著男女平權思想的普及，這樣的立法略有修正，不過這些都是近代才有的產物。所有的婚姻和家庭制度，圍繞的重心都只有夫權，及丈夫的財產權。

所以，在早期的性規範中，僅粗略地將人類性行為區分為婚姻內性行為與婚姻外性行為，所有的婚外性行為皆被禁止，並只分為兩種：通姦與性侵，但是後者幾乎沒有成立的可能，在許多個案中，女性必須表現出極強烈的抵抗才可以免於通姦的懲罰，所謂極強烈的抵抗，白話上來說，就是必須要抵抗到面臨生命危險始可。Rape 一詞的拉丁文與竊盜罪相當，所以性侵他人妻子或女兒，即等同損害丈夫的財產，加害者必須支付高額賠償金。

為了預防妻子與他人通姦，世界上還發明了許多方式來確保自己的孩子是自己親生的，某些方式甚至極為病態並尚存於某些國家。以中國來說，所有同在宮內生活的男性必須施以閹割，皇帝與哪位妃子同房，必須由敬事房的太監來負責紀錄，如此才能以妃子懷孕的時間，往後推算孩子是否為皇帝親生。

至於某些國家，則採取其他更直接也更愚蠢的方式，也就是對女性施以割禮，亦即將女性外陰部割除，或將女性的陰道縫起，一來降低妻子性慾，二來避免妻子與他人發生性行為。沒有辦法避免妻子外遇，超激烈的某些男性還有最後一個方法：情殺。事實上，根據美國統計，男性情殺的犯罪比例要比女性高出許多，這樣的情況在台灣社會亦不少見。

文化決定論掌握了性關係解釋權

初略而論，實行一夫一妻制還是與父權主義脫不了關係，並且此種父權社會的各式變化，無論是其後女性主義的發達，或是平等權的展開。總之，都是社會化的現象而非物種演化的結局，為目前人類普遍接受的婚姻方式。

人類實行一夫一妻制雖不見得是天性如此，但也絕非心甘情願。無論在哪個社會，婚姻和婚外性行為都是同時並存，這是不可否認的事實。實行一夫一妻制而非多偶制的背後，和繁衍並無關係，反而和社會文化本身相關，亦即和人類思想有關，是否為必然結果，仍有討論空間。

人類從事性行為，亦不單單僅考慮物種繁衍，事實上，現代社會的發展似乎正好往繁衍與演化的相反方向走去，在羅洛梅的《愛與意志》中就說到，在以前，誇獎一個女人性感，恐怕是最糟糕的貶抑之詞，但在現代社會，男子對一名女子沒有性慾，恐怕對女人而言是一種侮辱。此外，更別說近代發明琳瑯滿目的避孕用品，而男女的性行為更可能和生小孩無關，例如口交以及各種性技巧，皆不是為了繁衍而生。實際上，現代有許多夫妻，早已決定不生小孩，並將時間與精力用在其他地方，而未婚母親在歐洲更非異類，許多男人對於撫養小孩亦無興趣。這樣的社會變遷也正是文化演化的結果。

由此看來，想要找到性的邏輯或是法則，作為伴侶間的性愛原則，無異於緣木求魚，或許一夫一妻的性愛，無法找到一種放諸四海而皆準的邏輯，這與一夫一妻制無關，而是性愛的特質。從另個角度而言，無論生物如何演化，關於現今的人類，文化決定論已註定掌握性關係解釋權，在文化、權力的影響下，伴侶出於理解自我及尊重彼此的關係，如此之愛，就算未若原初愛戀時的熱情，然而如此溫蘊的愛將更加成熟，關於彼此性關係也是同樣的道理，不用談什麼邏輯道理，性愛油然而生。

四　道德

外遇與道德的關係

外遇與道德的關係，人們可能不假思索的認為外遇就是違反道德的行為，這是無庸置疑的自明之理，這是不用深究就可以得到的結論。但是，從另一個角度觀察，由自然的性出發，佛洛伊德卻說：「當文明的道德占壓倒性優勢的時候，個人生活的健康與活力可能受損，而這種犧牲個人以激進文明的制度，如果升達某一高度，無疑將反轉過來，有害於原來的目的。」甚至關於性道德，佛洛伊德還進一步說：「今日性道德的特徵，乃是將往昔只施於婦女的標準，擴展運用到男人性生活裡，以及除了一夫一妻的婚姻外，對所有其他性關係施以禁忌性的壓制」。佛洛伊德認為性道德是造成所處年代的人之不安或神經質，於今，這樣的觀點雖可部分比附援引，但如此簡化性道德直接造成的影響，亦非絕對正確。不過，卻讓人們可以省思，精神醫學大家的佛洛伊德為何會有如此對於性道德激烈的批判呢？

性道德的問題點

就自然的人性出發，文明的性道德規範關於人類肉體壓迫、人性的壓抑的影響，這部分是值得探討的。外遇此一社會現象，為何與道德有關聯性？為何不會認為是個人間的單純情愛現象？個人自我的實踐與伴侶間關於情愛關係的變化，為何需要外來規範介入呢？這些都是性道德的問題點。

再回頭來看，過去一夫多妻妾的男女不平等時代，若說平等的演化，有可能演進成一夫一妻或多夫多妻，為何一夫一妻制卻是普遍被文明認可的制度呢？而非多夫多妻呢？也許從人類學及歷史學的角度，能得到部分疑惑的解答。於此僅想推究，既已定調一夫一妻制是現今人們應遵守的制度，上自總統高官，下至販夫走卒，都瞭解這事，惟為何上自總統柯林頓，下至不知名的水電工，都還是出了軌。口號喊得響亮，也知道奉行一夫一妻制為圭臬，為何無法知行合一呢？這是自我的矛盾及配偶的愛的消逝，所造成的現象嗎？這裡所謂配偶的愛，不單純只是配偶之間的愛情而已，後面的文章會再詳述此部分。當確認自我及配偶的愛，就無所謂外遇可言，因為這已經是選擇的問題，並無法且無必要作婚姻內外的區隔。在自我肯認的過程中，將瞭解出軌的道理，會更清楚知道外遇是他人配偶關係的事，外人對於他人感情、婚姻性道德的評價，都是無的放矢。

性道德所衍生的四個觀點

如若自然雲霧之氣，道德雲煙起自本山谷，亦將消逝本山頭，奈何浪蕩無理狂風，將此雲煙吹到遠山，有氣無力灰灰唉！性道德從何而來？為何對於他人的性關係，會有義務感而生道德律？表面上，婚姻外的性關係影響了社會的運作，惟有秉持如此看法，無關之第三人始得以介入他人婚姻的評價，以社會群體受到影響作為介入的理由，再讓自身的義務感進一步實踐，使得正義得以實現。關於性道德，其實可以從幾個相續性的觀點出發，以便深入瞭解此方面真正的道德意涵。

第一個觀點，關於五官與外界接觸所產生後續的變化，眼、耳、鼻、舌、身、意，是佛教關於感官器官所謂六根的稱呼，通觀而論，不外乎身心的統稱。如果配偶將其身心交出去，與婚姻外的第三者有所接觸，由六根的相交會，會有事物程度上的差異，甚至於六根交會的不同，會產生事物本質上的不同，這是從感官面向直接、毫無掩飾的觀察外遇現象。也就是說，婚姻外的廣泛性關係，包括了與第三者的五官的接觸，不限於性交，像是配偶去拍成人電影就是裸體與視覺感官的外界的接觸，淫聲蕩語遊戲人間，也可能遭致非難。

第二觀點，性道德觀的本質，在如此感官層面的交會接觸，逐漸顯露出來。五官的接觸，是對於外遇行為的直接描述，另一半可能與婚外第三者有眼、耳、鼻、舌、身、精神上的接觸，當事者對於配偶或伴侶如此這般的對外接觸，可能會感到不愉快及認為自我利益的侵害，這種自我利益的侵害，是外遇被社會評價的原因，假若沒有任何自我感覺或是自我利益的破壞，不會對此種行為或現象有所評價，例如說經年累月被配偶強姦，受不了而離家與人同居，這種外遇行為受到的評價會不同於一般外遇性道德的評價，原因即是基於當事者沒有道理或立足點自認為道德規範下的受害者，因為他本身就是個加害者，性道德只得在此自我崩解。但是，通常群體不容許性道德價值動搖，會認為建構成群體利益之上，而非個人利益之上，戕害個人的自主性，卻不易為人們所察覺。

第三個觀點，自我利益受侵害的問題，這是問題的核心。一夫一妻制的婚外性行為道德觀，源於外遇讓當事者二人間的關係起了變化，被侵害的一方尋求外界的共識性，進一步求助於規範，或是說當事者以外之其他社會之人，也會以潛在被害人角度介入評判，前述自我利益的主觀想法，最後由群體個別的自我主觀，形成了共同主觀的客觀道德律，類似佛洛伊德所說的文明的性道德儼然成形。可是，人們沒有自覺這種文明性道德的形成脈絡，或是說人們從來沒有去思考，為何當事者二人間的感情或是愛情或是家庭，會由其他人來評價呢？社會秩序的和諧是表象的原因，以婚外性行為破壞了穩定的社會秩序，乃有管制的必要，強度低一點的就是道德。然而，婚外性行為與社會秩序為何有關係？沒有影響到其他人，至多影響到配偶的感情，為何配偶的感情被影響會造成社會秩序的不安呢？前述認為婚外性行為侵害社會利益的道德性觀點，是經不起考驗的，是有問題的講法。

第四個觀點，自我與配偶的愛，經過前面幾個層次的分析，最後會發現，外遇所改變當事者間的關係，是因為外遇者自我價值的肯認、選擇，以及配偶之愛的流逝，造成了外遇，這樣的現象並非是佛洛伊德的文明道德可以解釋，但也非如他所說的性本能的自然發揮。必須從外遇行為的相關現象，找到規範浮出的原因，或許才能帶來更明確的性倫理或性道德的認識。婚外性行為此一現象，既基於配偶間的關係，假若外遇影響婚姻、家庭，基於君父思想，該管制的不是夫妻間的感情，那是雙方自我選擇、適不適當的問題，僅只於受保護者需要時，才會有法律或道德介入的問題。

對於外遇與道德間的關係，從前述四個觀點逐一解析，會發現感官、利益、善惡、配偶間的愛，本來是當事人間的事，卻因所謂世間或是社會的介入，加上互相交織的各個觀點，並無法使事情變單純或看得更清楚。最後，會發現在世間或社會的框架下，當事人的利益反而無足輕重，外遇到底是誰的事呢？且若以不道德一語，對外遇作單一評價，就失之過偏了。

感官的利益

第一個觀點：五官

一本很淺白平易的兩性話題叢書，「*WOMEN WHO STAY WITH MEN WHO STRAY*」（中文書名為《男人出軌真相》），開頭就在討論所謂的「不忠」，其意謂一位已婚的人與配偶以外的人有了親密的性接觸時，構成了不忠。在一夫一妻制的社會，才會有這種不忠行為的討論及評價，這樣不忠的觀點，讓人們對於不忠行為加以譴責，或以道德規範，或以部族懲戒，重則以法律加以干涉。

感官的接觸總會影響到婚姻的幸福

一般討論外遇或是出軌，多圍繞在不忠、毀棄婚姻的承諾、說謊、拈花惹草之類的字眼，其中不忠就是違反了忠誠義務，所以應該被譴責。忠誠是指進入婚姻的世界，只能將身體與心靈交給另一半，絕不能交給婚姻外的第三者或與第三者進行肉體、心靈的交融，否則就是背叛者，像是從神聖的境域走向魔鬼的世界。心靈的忠誠暫時不討論，關於看不到摸不著的心靈，只能心領神會，實在無法驗證，普遍說來道德也管不到心靈，至多察覺到身體器官的不安份，當這些器官不謹守分際，還游刃於他者的世界時，道德家才會出來說話。從忠誠的角度出發，婚姻變成一種束縛，變成個人自由的墳墓，為了掩飾這種觀點帶來的壞處或是為了隱匿真相，必須用責任加諸於婚姻內的人，以此包裝成美好的婚姻世界。實際上，若非出於自我的決定而願意犧牲個人自由，自我肯認的過程中將不斷的產生痛苦，走得過去，婚姻將幸福美滿，走不過去就永陷婚姻的泥沼當中。

人類有了婚姻制度以來，關於感官的接觸，總會影響到婚姻的幸福，婚姻內需要感官的接觸，婚姻外是不需要的，這是婚姻幸福的邏輯觀。中國古代關於婚姻幸福，依諸男女扮演不同角色，而取得不同的幸福。一夫多妻妾的古早時期，仍基於禮教謂男女七歲不同席的觀點，主導著社會的價值觀，其實只不過是對於女性從小開始形塑社群要求其未來的樣貌，所產生的習俗。孔子說「非禮勿視，非禮勿聽，非禮勿言，非禮勿動」，重禮教的社會，對於感官與外界的接觸，有一定的標準，這種標準稱之以禮。接著來看男女授受不親也是一種禮，但是孟子對於緊急狀態時，還是有權宜變通之計的。看來，孟子沒有死守古老禮教，表示沒有絕對的規範，禮教的標準是會變的。

最可怕的，當屬宋明理學關於寡婦守貞的看法，所謂「餓死事小，失節事大」，實在是窮極可怕的禮教，莫怪乎魯迅筆下吃人禮教故事，多不可數。但是，現代人對於婚外性行為的禮教，不會認為是吃人的禮教，反而認為封建社會不能如此（其實封建社會是女人不能如此，男人可以如此），文明不封建社會也不能如此（其實是從女人不能如此，增加了男人不能如此而已），平等的講法就是「女人向來不能亂搞，男人從今天起也不能亂搞」。可是，「婚外性行為」等同於「亂搞」，豈不表示幾千年來，人類都在亂搞，亦即過去是合理化一夫多妻妾制。但是，從來沒有人說過去一夫多妻妾是亂搞的，都會認為這是歷史沿革、社會習俗、文化風情等合理化的藉口，當認為這些藉口均屬合理可接受的時候，會出現一種不證自明的答案。過去，婚外性行為是可接受的；未來，婚外性行為也是可接受的。但是，進入一夫一妻制，可接受的變成不可接受的，這種轉換對於男人是不利的，無法增加多種性歡樂，實際上，這是各種文化面向綜合的結果，只不過未查察於此，會誤會這種轉換不利男人，所謂失馬非禍同此道理，也或許對女性而言是顧此失彼，卻被誤解獲取了男人不得外遇的有利結論。

關於五官，道德論者不會放過禮教導向人生正確的方向，這一套論點向來是主流看法，亞當斯密的《道德情操論》一書說：「我們的道德能力主持決定什麼時候才應該取悅耳朵，什麼時候才應該縱容眼睛，什麼時候能應該滿足味覺，什麼時候這些其他人性規則應該縱容或節制，與它們應該縱容或節制到什麼地步。能取悅我們的道德能力的就是合適、正確、適宜的。相反的，就是錯誤、不合適、不適宜的。它們肯定的情緒就是優美，得體的。相反的，就是不優美，不得體的。這些字，正確、錯誤、合適、不合適、優美、不得體，就是指著那些令人歡喜或令人厭惡的那些道德能力的事情。」他認為義務感是源於對社會一般規則的關心，因此，亞當斯密甚至認為宗教加強了天生的義務感，沒有去理會人類動物性特徵、人性的自然面向。

自然本性的力量是激發人類創意及無限想像的泉源

自然本性的發揮，才符於情合於理，亞當斯密卻強加無關於他人或自己的義務於社會下的抽象個人，再繼之以社會規則，人們規訓完成後，社會就會圓滿和協。關於這種自然本性的力量，是激發人類創意及無限想像的泉源，道德是否為必要之惡？尚未可知，只不過道德催化了人們的激情，這是有根據的。佛洛伊德在《性學三論》提及：「一旦情慾的滿足太過輕易，它便不會有什麼價值可言。想使原慾情潮高漲，一些阻礙是必不可免的；歷史一次復一次地昭告我們，每當阻滯滿足的自然力量消滅，人們便建立習俗的阻力，以便享受愛情。這樣的現象，無論於群體於個人皆然。當性的滿足暢行無阻，比如說，當一個古老文明頹廢的時候，愛情變得沒有價值，人生十分空虛，漸漸地，人們遂不得不再發展出反向作用，來挽救愛情的情感價值。由此看來，基督教文明的禁慾傾向確曾大大的提高了愛情的精神價值。」儘管覺得不可思議，這仍是可觀察到的現象。失去可供批判的敵人，日子變得渾渾然，事情就是如此的奇妙。

道德規範由來於人類生活的侵害

或許以佛洛伊德的性衝動說法，足以說明人類對於五官接觸的性關係，是很平常的事情，這是自然的，儘管人們經常避談卻常常從事性關係的接觸，這種心照不宣卻異常頻繁的性行為，在一夫一妻制度下，有重要的影響力，會讓人們無法自在的表現自我，或是說性資訊的不完足性，加上自我無法瞭解生理的發展，以及自我對婚外性行為的認知程度及能力，容易偶遇、邂逅後產生出軌行為，或是在工作場所日久生情而發展出婚外情。因為在意配偶的外遇行為，有了禁止規範的討論，道德規範由來於人類生活的侵害，此具體侵害的特質，絕非單純社會善良風俗得以解釋，若外遇是違反善良風俗的習俗而加以管制，在此種社會文化下，配偶關於另一半外遇沒有意見的時候，與善良風俗有何關係？甚至於，以身體作為自我實踐的過程中，為何會認為影響到無關的社會群體？

社會善良風俗的利益作為外遇性道德的基礎，根本上，忽略身體五官自然發展的現象。男人在游泳池或沙灘或混浴之時，裸露身體與穿著清涼比基尼的美麗的辣妹，有視覺上的接觸時，容易發生陰莖勃起的生理現象，這是五官與外在接觸的自然反應，於此解釋這種自然的現象，足以證明性道德壓抑性反應是違反自然的。實際上，男人於此狀況所生的勃起現象，並非是往前一步要進行性交或性關係行為，若有機會或其他因素，男人確有可能出軌，這是實在的看法。女人的性衝動或性慾呈現並沒有明顯的表徵，較不易有前述如男人般的表現，但是無論如何，還是存在同樣卻不易被觀察到的現象。五官與外界的性接觸，在自然的狀態下，配偶無甚在意，至多認為性器官於公開場合有性慾的呈現，是一種不符合情境的不適當表現，或被視為困窘的行為而已，不會認為是道德與否的問題，除非當事人出於性騷擾的意圖。

性本能與自我決定

一般說來，當五官與第三者性關係接觸，眉目傳情時，會讓配偶感到不舒服。若五官與第三者性關係接觸，第三者吸吮其肉體時，會讓配偶感到超級不舒服。若五官與第三者性關係接觸，第三者的性器官互相交融時，會讓配偶感到痛苦。所以說，配偶因為外遇痛苦的不利益，導致以性道德之名，對於出軌者大加指責，除了威嚇之外，也欲藉此安慰被出軌者的心情，但是根本無濟於事，不僅沒有威嚇的效果，也沒有同理心的安慰效果。夜闌人靜曲終人散後，還是獨自一人面對配偶的外遇，道德沒血沒肉，無法陪伴受苦的配偶，終究是回歸自我，靠著自身的力量，走出痛苦。

性器官出於性本能，必須活動以開展其生命力之際，文化、婚姻、文明有著重大影響的效果，實則，人們應瞭解自我決定才是重要的關鍵。為此，以佛洛伊德的看法，為五官的生命力，寫下令人會心一笑的結論：「性本能擁有一個明顯的特色，便是當它受阻時，能轉移其目標而無損其強度，因而為文化帶來了巨大的能源。這樣地脫離原先的目標，憑藉著強弱不一的心理聯繫，攀緣附和於其他事物的能力，便叫作昇華作用。這種轉移的結果，誠然大有利於文明。而與此相抗衡的，性本能也常表現十分頑強的固置現象，有時甚至寧可退化，寧可變態，而不情願受阻，不情願改道。性本能的強弱可能已依人而異，而昇華的能力更是張三李四各有不同。一個人到底能昇華多少性慾來移作他用，恐怕多半由體質、由遺傳來決定了。」

瞭解自我，或許性器官更能活出其真正的生命力。

第二個觀點：性道德

從動物到人類

人類之所以與動物不同，在於人類能夠思考而具有理性，但動物行為則全是基於存在於先天基因的本能，也只有人類會有倫理道德或是善惡的概念。在討論通姦與性道德的議題上時，也是如此，動物的族群中多半沒有一夫一妻的概念，人類則不同，在長久歷史演進後，當代先進社會無論歐美、東方文化，都已接受以一夫一妻制的婚姻制度，在婚姻存續的過程中，配偶之一方如果與配偶以外之人發生性行為，不僅倫理道德上應該被非難為出軌、不貞，在法律上也會被評價為得請求終止婚姻的事由，甚至有些國家在過去或是目前的刑事法上，會將通姦行為論以刑事責任。

肯認這樣的道德非難或是刑事處罰，不僅是基於人類與動物之間的理性差別，更是對於長久以來人類歷史演進及社會發展的一種肯定，假設允許一夫多妻的存在，豈非像是過去專制君主制度下，白居易筆下長恨歌之皇帝可以擁有後宮佳麗三千人般，或是西方中古世紀，領主擁有境內出嫁少女的初夜權（Droit du seigneur）一樣，是一種被認為落後而野蠻的存在，支持一夫一妻，要求配偶互負貞潔義務，正是人類文明的展現。

這種強調人類具有不同於動物的理性，繼而正當化以理性所論述出來的倫理道德，在生物學家看起來卻可能只是人類的自以為是。舉例來說，所謂的「理性」，從來都是無法驗證的存在，甚至認為只有人類會思考，其他動物都不會，也是種武斷的說法，而所謂的動物行為，全是依憑基因本能而生的存在，但這種無疑是認為生物的遺傳，就能夠完全決定個體未來一切的假設，和現實其實相距甚遠。

舉個簡單的例子來說，有對基因相同的同卵相生黃金獵犬，交由兩個不同的家庭去飼養，經過了十年，有人會認為這兩條黃金獵犬的行為會一樣嗎？結論當然不可能，因為個體的成長，除了先天上基因的因素外，還有後天的環境因素，例如從受精卵開始的發生過程、從母體出生之後的成長過程，都會影響個體未來的行為表現，以《晏子春秋》裡面的一段故事來說：「橘生淮南則為橘，生於淮北則為枳，葉徒相似，其實味不同。所以然者何？水土異也。今民生於齊不盜，入楚則盜，得無楚之水土使民善盜耶？」就算在品種上相同，也會因為後天生長環境不同，而有不同的表現，所謂「淮橘為枳」，晏子其實想要表達的是環境對於人的影響，如果說因為環境的改變，人就會從安分守法變成雞鳴狗盜，那麼人類所謳歌的倫理道德在哪裡？經過思考表現出的理性又在哪裡？所以，怎麼會認為動物行為的表現，完全只受到先天基因的影響呢？忽略環境因素確實是不當的。

在肯認環境對於動物個體也會有影響之後，要知道所謂的「影響」是怎麼來的，如果說人類是透過認知、學習，而使自己在不同環境下，有不同的表現，動物又何嘗不是如此？同樣以前面的黃金獵犬來當例子，黃金獵犬和人類一樣同樣可以透過五感認知外界，像是看到主人走到廚房做飯，也會幫自己放飼料的經驗時，就會學習到，只要主人到廚房做飯，就象徵著自己也有東西吃，所以也會跟到廚房去，這樣行為的改變、學習，和人類的思考過程又是差在哪裡？從實踐目我利益而論，動物與人們似乎沒有多大的區別。

或有認為，人類與動物的不同，在於人類擁有文字、語言、共同主觀下的文明，但是否就是說不通文字的文盲，與禽獸無異？舉例來說，台灣的原住民在過去並沒有通用的文字，直到荷蘭人將羅馬文字引入原住民族中，原住民族才有所謂的文字，難道我們能夠這一點來斷定人類或非人類？如果持這種觀點，那和十九世紀的歐洲人以社會達爾文主義（Social Darwinism）歧視其他民族有何差別？從傅柯（Michel Foucault）在《瘋顛與文明》一書的觀察中，也可以看到，在中世紀時，社會將一般人無法理解的瘋人禁閉起來，甚至以直接關到豬圈裡面去，而視為動物，但在一般人無法理解他的同時，是否就能因此認定一般人是文明的、瘋人是不文明而如同動物一般？舉一個更極端的例子，在過去羅馬教廷支配歐美思想的時候，有人主張地球繞著太陽轉、人類是從猴子演化而來，都會被看成是瘋子，違背聖經的異端而處以火刑——除非這個人在宗教審判中願意認錯。

所以，我們真的能夠認為所謂的文字、語言，或是共同主觀下的文明真的可以象徵我們與動物之間的不同嗎？會不會在一千年以後的人類看來，現今的人類，其實和原始人沒有差別呢？

倫理與道德

如果能夠肯認人類行為和動物行為，並不存在本質上的差別，那麼所謂的倫理與道德，自然也不是人類特有的產物，在動物行為中也一樣找得到。一般概念中的道德，是群體共同主觀下的規範，倫理則是個體對於自己行為的思考、選擇與實踐，而如果一個人的行為符合共同主觀的規範，我們會認為這個人的行為是符合倫理道德的。

最常見被提到區分人與動物間倫理道德的例子，就是人類不只是為了個體的利益，而會基於幫助別人的善念來犧牲自己，甚至我們在法律上還會承認這種行為具有一定的正當性，而加以鼓勵或免責者，像是美國法上的「好撒馬利亞人法（Good Samaritan

Law）」，就是從聖經中耶穌所說的典故而來，鼓勵行善事者可以免責。也偏偏就是這種犧牲自己，成全他者的行為，在動物行為中一樣可以發現。

許多動物本來就有個體自我犧牲，保護族群中其他個體的行為，像是工蜂面對攻擊蜂巢的外敵，寧可犧牲自己去用刺螫傷對方（由於刺會留在外敵體內，而刺和工蜂的內臟相連，所以使用之後等於會失去內臟而死亡），而這種利他行為，雖然不僅是在基因相近的個體中會出現——例如父母為子女犧牲自己（親擇，kin selection），在基因疏遠的族群間也會出現（群擇，group selection）。照這樣說來，人類捨己為人和動物無甚區別，如果說這是道德，動物行為中存在道德也沒有什麼好意外的。甚至人類還時常以動物來比擬人類，例如說稱揚別人忠心就像是忠犬一樣，任勞任怨如同牛馬，行事狡猾如同狐狸，如果欺君罔上就是狼子野心，多行惡事就是禽獸。那所謂人類有倫理道德，動物就沒有的觀點，或許也只是人類在往自己臉上貼金而已。

性道德的社會演進

若以倫理道德來正立一夫一妻制的過程，會產生一些問題。那麼到底在社會的演進上，現今社會怎麼會以這種制度來取代過去封建社會下的一夫多妻制？甚至還以法律加以支持的呢？先以動物行為和人類歷史來說明。

觀察與人類（Homo Sapiens）基因有95%相近的兩種靈長類動物：黑猩猩（Pan troglodytes）與侏儒黑猩猩（Pan paniscus）為例，在前者的族群中，個體間的性行為受到嚴格的管制，如此一來，就可以確保族群的下一代基因來源，都是現存族群中階級較高的成員而來，凡是私下進行性行為的個體，都會受到嚴格的懲罰；但是在後者，也就是侏儒黑猩猩的族群中，個體之間無論異性、同性、甚至親子之間，都會時常進行性行為，透過肢體接觸或是性行為帶來的愉悅感，可以紓解族群內個體間的摩擦，以日本作家貴志祐介的小說《來自新世界》（新世界より）中，就有提到科學家透過基因改造的方式，把侏儒黑猩猩的基因加到人類身上，就可以藉由個體間頻繁的性行為，來緩和個體衝突的假設。這兩種基因相近的生物，所以有如此不同的行為，理由在於黑猩猩是一個父系社會，但侏儒黑猩猩是一個母系社會，以父系社會來說，領導族群的雄黑猩猩透過性行為的控制，來確保族群的下一代流的是自己的血，但對於母系社會的侏儒黑猩猩來說，就沒有這個問題，因為雌侏儒黑猩猩只要確認幼體是從自己身上生出來的，就當然是繼承自己的基因，至於是與何人為性行為就不是那麼重要了。反而，若藉由彼此肢體接觸取得愉悅的方式，可以降低族群內的衝突，根本沒有必要去限制個體之間的性行為。

觀察人類自封建時代以來的傳統，就如同黑猩猩一般，一向以男性為主的父系社會，無論是王朝、氏族、家族的領袖都是男性，基於血統基因傳承的神聖性，不希望族群內部成員有隨意雜交的情形，以求自己可以獨占族群中雌性的身體，確保子代全都來自他的基因。成員間的接觸，無論是一個眼神、一個氣味、一個觸碰、一個聲音等等的五官接觸，最好都在自己控制之下，特別是領袖的配偶——可能有很多個，絕對不能與領袖之外的人有任何的接觸，像是皇后的貞操不能被質疑、皇帝后宮或是女子閨房都屬於禁地，其他男性不能進出，除非閹割，因為一旦破了例、例了外，血統就會斷絕，封建體系傳承的正當性就會被質疑。

封建社會的性道德觀念是如何被建構出來？

為了達到這種限制雜交的效果，就是群體內部的個體，其身體只能屬於特定之人，而不能被其他人碰觸，以此限制性行為的對象。人和動物一樣，畢竟會因為身體內的賀爾蒙過剩而產生激情，為了預防這種具體危險，就算只是眼神交會、身體碰觸，在異性之間都是不被允許的事情，也唯有連這麼前段的接觸都禁止，才可以避免因為激情而產生的脫序性行為，也就是出軌。

雖然，上述論述看起來都是為了維護族群中領導人物血統傳承的正確性，對於族群中其他個體似乎沒有關係，也不能夠正立成一種道德。所謂道德，應該是社會共同主觀所形成的一種行為規範，封建社會是少數人代表群體，甚至最極致，像以前法蘭西太陽王路易十四的名言「朕即國家」，領袖就是社會。領袖的價值觀就是社會的價值觀，在封建社會長達幾千年之後，無論是什麼道德，其實多多少少都帶有只為了少數人利益的成分在裡面，為了保障族群領袖獨占雌性身體的權力，性道德的觀念就被建構出來，個體之間的性行為以致五感的接觸都被嚴格限制，盡可能的，人們只能和被設定好的對象進行上述行為，這個設定好的關係，人們稱為婚姻、配偶，如果與此之外的人所為，就是不貞、甚至是不合理法的野合。

封建社會崩解之後，少數人享有的獨裁權力被下放到每個人手上，也還是沒有改變獨占他方配偶身體權的性道德觀，無論是過去封建社會，或是現在的民主社會，人類的社會體系都和黑猩猩一樣，是以男性為主的父系社會，基於對於下一代基因的控制必要，控制社會的個體——男性，不會願意去推翻這種性道德觀，唯有繼續維持這種價值，男性才可以確信自己所養育的子代確實帶有自己的基因，這種性道德觀甚至隨著社會的演進，從保護道統正當性少數利益，擴張到及於每個人——男性的群體利益。人們考慮到自我利益，也才會繼續支持這種性道德觀。最後會發現，隨著社會各式解放運動，外遇的重點不會在道德的違反，反而討論的重點，會是在於獨立個體的自我實踐，只不過如此自我，是個人的自由意志嗎？

第三個觀點：自我利益

從前述觀點可知，傳統的性道德觀不是建構在個人利益之上，而是建立在群體利益被侵害的基礎。沿此脈絡，會瞭解事不關己，卻時時加以關心的情形，這就是道德義務。通姦者經常被無關之人抱以老拳唾之以沫，這就是道德觀的實踐。在性道德者眼裡，真實情況，外遇是侵害了伴侶婚姻上的利益，這種利益是可以被分析的，外遇是忠誠義務的違反，是背叛行為，不忠誠及叛徒是不可能見容於婚姻的世界裡，顯而易見要被評價及鬥爭。用神的語言來說，叛徒應該要懺悔、懲罰，若執迷不悟，更將持續的危害婚姻。

出於配偶利益的侵害為原點之性道觀

雖然有性研究學者指稱，大多數的外遇行為，並沒有要取代婚姻的意思。實際上，外遇者心理，究否有取代婚姻的意思，應該無足為外人道，甚至於外遇者的心理面向實在沒有統一的觀點。然而，出於配偶利益的侵害為原點，才會有性道德觀的問題，這應該是簡單的道理，因此，自我利益才是性道德評價的本質，假若這樣的觀點是正確的，性道德與自我利益又是沒有關係的二條平行線。換句話說，性道德一直以群體利益為依據，當戳破隱藏在此之下的他者自我利益才是性道德的真相，性道德將無以復存，危懼感將盤據在社會每個角落，人們擔心如此一來，真正大肆性解放的年代即將來到，這是危險的。例如，ＩＳ組織認為巴黎是通姦之都，所以要進行恐怖攻擊，多多少少是以性道德崩解作為表面上的理由。

由前述性道德觀，吾人可以瞭解，性道德的群體意識，是基於個人利益而來，卻未普遍被採認。普遍認知，婚姻建構在雙方忠誠義務之上，如此之忠如君臣之忠，有上下位階之分，如此之誠是類似友誼般的平等，有彼此交易之情。換言之，接近無私的奉獻及在乎另一半，是婚姻內的二顆心都企盼的關係。然而，以忠誠為前提的感情或婚姻，無論是信任不信任，雙方已經建構在一種權力不對等，或像是商業交易的各自立場，這樣的關係是危險的，是令情人感到厭煩的。多數的社會大眾，甚或是不少學者多認為道德屬至明之理，尤其是中國古代的某些觀念。在這方面，只有老子的自然之哲學論，深度的見解為中外學者所推崇，但是中國向來以儒家禮教為社會生活的顯學。因此，儘管老子道德經的內容，與一般人或社會禮教的道德或倫理，有著不同的看法，人們仍沿襲著與道德經不同看法的道德，進行各式各樣的道德說教。

性道德的忠誠義務之反思

性道德的忠誠義務，普遍存在社會觀念之中，乃誕生出專門對夫妻作忠誠度測試的徵信社。為了確保另一半的忠誠義務，配偶委請專業機構提供誘惑者的服務，看看另一半是否經得起誘惑考驗。實際上，當配偶通過誘惑者的考驗時，難道就是忠誠義務過關嗎？這樣的配偶無法確信自已的愛情，無法靠自我的確認及在與配偶的相互關係中，找到相續的婚姻膠水，無法讓彼此緊密的走下去，猜疑本身是在破壞確認婚姻中的自我，以致於會從事如此之怪事。更甚者，另一半或因緣份或是其他原因，而未能在這次誘惑下發生性關係。或許是上天的安排，出於自我的選擇而非被誘惑的原因，有了下次的偶遇邂逅，該如此解釋忠誠測試或是義務違反呢？

在性道德或法律的規範中，經常存在的現象，假若同意配偶可以從事出軌的行為，就不會有規範上的意義，也就是沒有什麼好評價的，法律會認為這種出軌行為或結果，並無價值的破壞，既然這個世界並沒有因為出軌行為產生不利益，也沒有使用法律處罰的必要，更與道德是無關。也就是說，自我利益的事前放棄，使得人們不會為這種出軌行為的被害人，提供安慰或保護的管道，既然如此，也就沒有什麼好評價的，只能說這是他們家的事。像是有的富人或是神棍，不是採行一夫一妻制度，而是一夫多妻的生活，而且大夥相安無事，這就是自我確認及選擇，至於配偶之愛的部分，容後加以說明。另外，事後原諒出軌行為，既然原諒，表示出軌行為是不對的，這種不對行為已經侵害配偶，造成不利益，儘管事後原諒，不影響原本性道德的評價，但是假若自我利益的事後放棄，性道德根本無用武之地時，表示性道德會隨著自我利益的變化，而有不同的改變，當然，有的人會說性道德的客觀性本來就存在，事後的原諒不影響既存破壞規範的現象，然而重點不在於所存在的現象，反而在於性道德評價的運轉及安定性，如果性道德的運轉是漫無天際的，毫無安定性，這種社群規範根本上沒有存在的必要，甚至於是隨時崩解的規範，只是為了聊勝於無的存在目的罷了。由外遇自我利益可放棄性的觀點看來，性道德的存在是有問題的

再來看另一個觀點，假若病癱的配偶無力生存，另一半為了家庭的生活，用肉體去換得可以生存的未來，這是我們或多或少看過的淒美愛情電影情節，這種為求生存的外遇，更是為了保護另一半的利益，從性道德的觀點來看，反而由侵害利益反轉成保護利益，豈非相當弔詭的事嗎？性道德觀察到的同一現象，因為配偶利益的不同，會有不同的評價，這是因為本質上如此。然而，若以社會群體利益作考量，根本不會有不違反性道德的問題，在此觀點下，會認為不對就是不對，沒有什麼好討論的，剩下的只是同情

與慈悲而已。

關於五官外遇，讓配偶產生不愉悅或痛苦的不利益，會有程度上的差異，甚至於對本質上的不同。例如，有的人認為口交不算是通姦，也不算是做愛；有的人認為拍A片只是一種工作，不影響配偶的看法。有的人工作就是電話扣應，淫聲嗲氣的鶯聲燕語，若是為了糊口飯吃，配偶都不管了，社會大眾去管個什麼勁呢？如果有人喜歡聞人類的下體氣味，開一家這種聞下體氣味公司，從業者是真槍實彈的上場，是否也會為另一半所氣結呢？

過往，討論性工作者的道德問題，也是不勝枚舉，只是站在工作權的角度，若人家配偶不在乎，其他人有何在乎的權利呢？有的人認為戴著保險套性交不算通姦，因為是隔了一層套子。總而言之，關於五官與第三者接觸所排列組合的各式各樣性關係，不可勝數，在許多性學或情慾的書籍有詳細及深刻的描述，可茲參考。於此，想要說明的是，對於另一半，究竟能容忍五官外遇到何種程度？這是因人而異。更重要的，應該探討在五官接觸，影響配偶自我利益時，這是外遇現象較深刻的分析與觀察，體悟此點，可以發現外遇性道德的論述，大體上已被隱含社會利益的觀點，再則，為了實踐既存性道德的文化規範，必須發展出一套圓潤的運轉機制，儘管不能維持婚姻的美滿，至少還認為零零落落的知行不合一價值觀，尚能維繫社會的有機運轉，也就很少出現質疑批判的觀點了。

詹明信在《後現代主義與文化理論》一書說：「現象成為有系統性的假象，只有通過尋找隱藏其背後的規律才能理解及解釋。」他對新教、清教倫理對於性的看法，有清楚的說明：「中世紀那種公開的以肉慾為主的性關係，新教時代被認為是罪惡的，並且遭到壓抑。」更有趣的，詹明信也觀察到人的身體不可信賴，有關感官滿足都是貪慾都要壓抑，類似於清教時代的教義，連科學都帶來新的革命與改變，他說：「新的科學的宣布，過去對客觀世界的瞭解，或瞭解世界的方法，比如說煉金術，都是建立在對感官知覺的絕對信任的基礎上……。新的科學則是與身體感官的徹底決裂。」由此更證明，婚姻中的性道德，關於五官外遇的看法，中西皆然，只是隨著時代的改變，這種上下起伏的性道德觀，到底有助於人類的婚姻或性思想？還是破壞了人們自然的心靈與肉體？

只有自己能經驗體悟，想要用性道德觀駕馭婚姻的方向，像是痴人說夢，多數人們卻不自知。

第四個觀點：自我與配偶的愛

戀愛與性，如同小小船員，未經歷大風大浪，上了船就容易暈船。老船長就不一樣，海風波浪再強再大，不管巨湧來襲，老船長依然沉著以對，安然航向目的地。佛洛伊德才會說：「在禁慾的努力過程裡，性衝動絕不放棄其表達的機會，永遠在伺機而動。文明教育所要求的，可以說只不過是婚前的暫時壓制而已，其後則放任自由發揮。有些極端的例子，則比一般壓制得徹底；但是如此過份的壓抑往往又帶來意想不到的後果，一旦性衝動得以自由，它已經不知如何去發揮了。就因為這個緣故，徹底禁慾的青年，將來通常不會是個好丈夫。」真是很有趣的觀點，丈母娘挑女婿時也作如是想，對禁慾的青年實在無情卻很真實的一擊啊！也許有人不同意這樣的觀點，古諺經驗卻說：

「臨老入花叢，做鬼也風流。」不正應證了佛洛伊德的講法嗎？

叔本華強調知識比信仰更為重要

當宗教或信仰，強化人們關於性道德的看法，堅認外遇是貪欲滿足的罪惡，此種性道德的看法，無視前述外遇現象背後的理解，不顧知識性的解釋，看來，叔本華強調知識比信仰更為重要，在此例就是最好的驗證。唯有知的加強，才能讓人找到自我，在自我價值確認及自我肯認的過程中，對於婚姻外的性自由，作出自我的選擇，配偶基於此尊重，互相立於一種將心比心的態度，如此不是互補的婚姻，是互體互諒的婚姻，這就是宗教家、道德家希望的結局。性自主的解放不是性亂來，反而在知識的理解中，確認自我的價值觀，由瞭解自我、肯認自我，即令尚未超越自我，至少知道自己在幹些什麼事情，而不將外遇視為一種迷失。

真正的迷失，存在妻子覺得自己不夠美，先生覺得自己不夠有錢，將外遇歸因社經因素，歸因於美醜與否，完全忽略自我，更不用說以由此建構起配偶之愛。若不能先建立起婚姻中的自我，會認為單身之夜後，下一步就是走進愛情的墳墓。婚姻有這麼恐怖嗎？假若如此，維持永遠的單身之夜不就好了？現代人的心理疾病，除了器官受損之物理原因外，佛洛伊德純就性的觀點作為推展分析，也是不可採的，但是至少帶來解開性問題的新希望。佛洛伊德相信吃人的禮教，造成了心理病症的增加，說得不錯。無法自我肯認，找不到自我的價值，心理的無奈及苦楚，在體內發酵成喪失自我的元素，終將無終。在肯認自我的過程中，除卻人世間的緣份及啟蒙外，自我努力若能抵擋無理的文化，自能找到心靈的避風港，但是時空的背景因素，經常是一切終將化為烏有。

性愛人類學的研究觀察

DeWight R. Middleton 從事性愛人類學的研究，轉述另一位人類學家 Marjorie Shostack 的觀察，提及非洲南部的喀拉哈里沙漠的 Kung 族，一位名為 Nisa 的女孩的故事，該部族有性放縱的習俗，當 Nisa 還是小女孩時，她不想很早就發生性關係，也不想早婚。但是，這是當時社會所不允許的事，不符合社群的期待，她反抗父母安排的婚事，可想而知會遭到族人的撻伐，但終究抵不過群體的壓力，還是妥協接受了與許多愛人與丈夫「交歡」，這是迎合社會求生的典型事例。如此結局，是喜是悲？以今論古，似乎是悲，但平平淡淡的過一生，也是一種生活的方式，無法活在文化的框架下，這是好聽的講法，應該說若無法活在吃人的禮教下，將很快死去，無奈的兩難，沒有人能提出解答的。

不論婚姻中的性或是婚外性行為，自我一直是生命中很重要的角色。客觀上的自我，只是肉體的組成，每個人看起來都一樣，但是每個人的心與靈都不一樣，因此，每個人都是獨立的個體與自我。生命的絢爛光輝，都是由於自我的實現，確認自我的價值，在開展自我的生命當下散發出來的。人們無論是企盼平平凡凡或是轟轟烈烈的一生，都是一段個人追尋自我生命價值的歲月，每個人在同一時空中，有著不同的自我。肯認這樣的觀點，在婚姻的世界裡亦然。如果無法確認自我在這段婚姻的角色，這個角色不是固定的，每段婚姻裡的有二個自我，不會與他者婚姻有相同或是重疊的自我表現，儘管外在顯露的同樣的現象，卻是很不一樣的自我表現。

婚姻中沒有絕對的慈悲與寬容

婚姻中沒有絕對的慈悲與寬容，也許是一種禪定功夫，私心少慾者的自我形象，單純易確認，前面說過，沒有一個自我是相同的。甚至基於遺傳及文化背景的不同，關於自我個性的開展，在同樣的社會生活，有著不同的樣貌。重點在於自我的認知，立於此基點，其後所面對的婚姻關係，有較清楚的理解，否則婚姻關係的緊張，無法為訊息的傳遞，讓彼此誤會持續的加深，會陷入無解的終局。

關於人存在應有形象，在宗教家的眼裡大概就是慈悲的愛，為什麼要說明這種慈悲的愛？原因在於抽象的世界裡，能夠讓人平靜下來的，唯有慈悲之愛，從這種慈悲之愛，轉而觀察配偶之愛，會較易理解。待他人如此，對親密的愛人又該如何呢？托爾斯泰拳拳服膺於基督教的宗教之愛，在他有名的《人為什麼而活》的小說裡，主人翁路邊撿了個流浪漢回家照顧，太太罵了他一頓，主人翁說：「難道你心裡就沒有上帝嗎？」以「人為愛而活」的觀點，象徵了基督教的 Agape 觀點認為，那種仁慈、高尚之上帝之愛，一種道德自我完善的愛。或許，像這種孟子所謂惻隱之心人皆有之的愛，是值得學習的。終究，是與配偶之愛有著本質上的不同，只能說將心比心的情況下，是較能理解的狀態，只是人能在為愛而活的世界是幸福的。

佛洛姆建構的愛的藝術觀點，也都是以愛為出發點，像是成熟的愛與不成熟的愛等等之類，僅管其對愛的解析不盡然是正確的觀點，為了人存在目的探索，仍提供可實用的思考方向。

緣於前述配偶的愛，其重點在於「在乎配偶」。何謂在乎？關心、包容、愛，婚姻關係被呈現出來的核心概念，尤其是己所不欲勿施於人、將心比心的基本的態度，這是配偶愛的最根本，之後才可能自我開展關心、包容、愛在雙方的關係，達到完整的配偶的愛，這是種配偶間的關係，不單是配偶的心，而是互相交會所達到的現象，這層配偶的愛的關係與自我決定，讓出軌一事，變得沒有那麼重要。雙方關於外遇一事，已經不覺得那麼重要了，那是自我的事，在彼此間配偶的愛的關係，已經會心過這種事了，無須言語，沒有是非對錯。自然之性、文明、文化、性道德，於此都沒有那麼重要了，特別是在文學家、藝術家，關於這種自我及配偶的愛，表現特別明顯，當然不是說文學家及藝術家一定要由出軌表現其文藝特質，應該說這類型的人，特別容易呈現出自我，至於是否能體悟配偶的愛，只有文學家或藝術家的配偶能體會了。

關於配偶的愛，在傳統的男性為主社會，較著重於女性層面，前面說過這種配偶的愛不見得是配偶的心的呈現，大多是存在於婚姻關係，只是男尊女卑的世界，希望透過對女性角色重新確認的過程，找到更多屬於女性之配偶的愛。例如，性的愉悅在婚姻關係中，不見得首要之務，然而若能由自我身體找到自然有益身心的性行為，何樂不為？在女性主義論述中，海蒂性學報告關於女性的性高潮，提出了性高潮是來自於陰蒂的刺激，男性的陰莖進入陰道而滿足女性使其達到性高潮的講法，是一種謊言及迷失。《海蒂報告》為女性關於性行為帶來新的看法，進而認為女性自慰更能達到性高潮。

將心比心的配偶的愛

男女生理結構不同，會有不同性行為的表現。實際上，對於另一半而言，性的尊重基於關心而來，如此將心比心的配偶的愛，不管是陰道或陰蒂帶來性高潮，對於配偶來說，也無關重要。再例如，情趣雜誌、書籍、刊物、電影等，似乎向來是為男性提供服務的產品，隨著時代演進，為女性市場所開發的前述產品，漸漸愈來愈多，只是在社會文化規訓下，女性關於性議題或商品，仍然不如男性社群來得發達。由此益見，只要不是在文明、文化的框架下，女性與男性在這方面的性服務的產品，無分軒輊。還是如前所述，只要能在配偶的愛關係下彼此互相相處，除了經濟生活、個性之類的看法，由前述二點性議題的觀點，可以發現婚姻內的性關係，不是隱晦而羞恥的，如果不瞭解，終究在文化、文明規訓之下，無法找到自我，甚至無法培養出配偶之愛，如此一來，婚姻的裂痕是清晰可見的。

再回頭來看外遇的現象，出軌是否會帶給對方痛苦，這也是外遇的核心重點，前述配偶之愛的將心比心，其重要性可見一般。伴侶關於對方的性自主及自由，完全的尊重，於此涉及二個面向，自我對性的看法及態度，決定自我及自由的開展。伴侶關於對方是否會有外遇行為，基於尊重的態度，以致於不會認為外遇是——自我利益的侵害。

這二者的交互作用，形成在婚姻中的自我肯認，一種價值觀的選擇，決定了自我定位與建構起這段婚姻之配偶的愛。

外遇的核心問題

如此將心比心於人或事的看法，是自我與配偶連結的重要態度，一般的情形，古語所說己所不欲勿施於人，對於陌生的他者是如此的態度，對於自己存有感情或深情的另一半，何嘗不是如此？因此，擇偶之時，自我定義明確後，另一半瞭解對象的自我形象，關於外遇的態度，並不是以一種形而上的道德觀，來看待另一半，在自我形象與配偶的連結當中，自我得開展，不會如佛洛伊德所述的文明性道德帶來壓抑的弊害，反而在他所述的昇華當中，能找到自我，也許普羅大眾在柴米油鹽醬醋茶的生活中，只能庸庸碌碌的過日子，沒有時間及條件去追尋自我，以致於無法找到自我，也無法肯認自我的價值。當出軌時，既存在違反性道德的認知，又無法抗拒，造成破損的自我形象，此際另一半無法理解，甚至於連自己都無法解釋到底是怎麼一回事，難道僅單純的性衝動的釋放？事實上如前文所述，並沒有如此簡單。重點還是在於性自由在自我的認知及選擇，於實踐自我的過程當中，找到自我，接著連結至配偶的關係，那種愛是外人無法言喻的，並非《社會契約論》所謂的忠誠義務，愛情是沒有道理及忠誠義務可能，那是一種無道理的感覺，沒辦法用理性去分析的。

硬是要說，至多說明在婚姻當事者，前述無法理性分析的東西，應該就是一種配偶的愛，不是如宗教愛，也不是無私的奉獻，也非父母對子女天生的愛，是一見鍾情後加上日久生情，之後互相自我形象的確認後，由相知到相守，最後終老一生。假若無法確認自我的形象，連自己都無法知道，別人如何能知悉呢？所以觀察出軌此一現象，會發現主流的看法是在於婚姻的維持及出軌者的譴責，第三者總是為本文所較少討論的對象，原因在於自我出發及配偶關係的連結仍是問題的核心，將第三者介入，當作婚姻破壞的原因，是不公允的講法。或是換個角度來看，嚴以律己寬以待人，是人們期待的良好價值觀，但在實踐的過程中，卻經常不是如此，在外遇的事件，也是如此。應當反省的，是否瞭解自身是出於確認自我形象後，自由的選擇了出軌？假若如此，為滿足自我，建構自我生命人格的完整性，這樣的出軌，並非道德可以評價的，否則是道德戕害自我人格，或是由前述觀點看來，將二條自然發展的平行線，嚴重錯誤的使之交會成大眾注目的焦點，形容成不可批判的真理。亦即，是否可以用道德規範的觀點來評論出軌？一直欠缺深入的探討，以至人們以訛傳訛，最後埋沒在真理的假象，出軌事件一再上演，當事人手忙腳亂，不知所措，外人莫名的義憤填膺，不知所云。

在《婚變、道德與文學》一書，代表著一般人對道德的看法，無須解釋，婚變與道德就像烏雲伴隨著降雨。作者雖然從歷史的角度，說明負心婚變是封建時代的悲劇，對此似乎有所反動批判，方向上正確，但對於婚變直接論以道德規範，是值得商榷的，而且論述方法上錯誤，以致於無法達到智慧的彼岸，未能有新穎及解決問題的觀念，或予人反思的新感動。道德非不證自明的道理，道德也不是如文字表象般的容易理解，可是人們都認為道德是不用討論就知道的，就好像羞恥心是與生俱來的道理一樣。暫毋論道德規範關於婚變的關係，至少該書說明了一個觀點：「每一個人都不是屬於自己的，而是從屬於宗法社會的，是封建君臣父子綱紀中的一個符號。」

與宗法相比，個人的幸福與生命是極其渺小的，即使有所謂的幸福，也必須是在宗法倫理中，而不是在它之外；個人的欲望更是極其卑陋可恥的。只有那無所不存的理、道、成規，才是永恆的，神聖不可侵犯的，必須無條件順從的，也就是要存天理，滅人欲。

婚姻的責任不是許下承諾後的義務

一種人欲的概念終於被提及了，現代人強力反對佛洛伊德的性衝動說，認為人又不是動物，如何能想做愛就做愛？從小到大學習將性昇華至由規範可允許的範圍，否則就是錯誤的性，或不道德的性。然而，無論古今中外，皆無法不承認食色性也，人之常情。在一夫一妻制的婚姻，並不會改變性的本質，自然的發展，與文明、文化的發展，人格也隨之開展，愈能開展自我人格，找尋自我、確認自我的社會，儘管性解放帶來各式各樣的性關係或議題，也不會比性保守的社會，關於性關係事件所發生的問題來得多，原因在於自我人格確認下的自由意志行為，關於是非對錯有自我的一套標準，不是出於他律，不需要無關的道德規範來迫使人們將內心的大門關閉，永遠的喪失自我，再隨波逐流的活下去。

看待婚姻也是同樣的看法，婚姻的責任不是許下承諾後的義務，忠誠比美麗動心的甜言蜜語更讓人難以相信，讓人覺得噁心。惟有出於自我的真誠，能讓另一半感動，愛情可以如淡淡的花香，尚存一息，也是永遠的美，濃濃烈烈的愛情常如雲煙般來得快去得也快，外遇的快感是詩人破格般的特權，常人難以存有那份天才般的意念，當然就會發現此快感與彼快感是不同的，卻無法自知。

有的配偶病癱了，另一半可以不離不棄一輩子；有的配偶罹癌一段時間，另一半就另結新歡了。這些都是自我選擇及互相關係的實踐，每個人的內心都有不為人知的苦水，每個人也都有自私的一面，只是在實踐自我的過程，是否確認這是真正的我？才會說婚前眼睛要睜大點，你的另一半是什麼樣的人，如果你不確認要和他過一輩子，就不要結這個婚吧！也有人說不試如何知道呢？只能說在自我確認的過程中，增長的智慧會告訴你婚姻不是猜一猜，也不是試一試；婚姻的不可知，與生命的不可知，同樣令人感到有股追求的快樂，但是，追求的過程，智慧會讓不可知在一定的框架下運轉，這框架是如此甜蜜的負擔，也是可預知永遠美滿的婚姻，是可感受的，是可以知道的，人們常常不願意沐浴在平流智慧之河，反而汲汲營營於瀑布衝激所帶來的能量，以此發揚生命的光輝，以為這就是自我。

超越善惡的性道德

尼采在《道德系譜學》提出一個問題：「禁慾的理想證明了什麼？」這時他回答：「一無所有」。

在尼采的眼中，道德是弱者所發明的產物，弱者沒有超越自我的特質，所以必須依靠道德。他在「善惡的彼岸」中並提到，人類往往必須依靠價值判斷才有活下去的勇氣，這樣的生活方式只會導致人類更加軟弱和消極。也因此，當尼采在華格納音樂中感受到「禁慾主義」的意味時，他就決定與華格納正式決裂。

理性與道德

先不論尼采所言是否正確，道德無疑是倫理學領域中所探討的一個主要問題。隨著社會與人際的複雜化，繼「性道德」發明之後，人類似乎又發明了「愛情道德」和「婚姻道德」，在感情世界裡，這種道德的發明似乎有完沒完，好像愈遵循道德，感情愈偉大。無可避免的，性、感情、婚姻與道德的糾葛，有說不完的話題。

關於道德的爭論，至今仍未休止，大致可將其簡單區分為兩大思想，第一種是根基於效益主義的道德他律，另一種則是利基於康德「絕對理性」的道德自律。前者的思想源自於邊沁，他認為人性傾向於趨吉避凶，並以自我需求作為首要考量，因此道德就是一種必要之惡。幸福則是道德的唯一目標，終極的幸福就是追求最大多數的利益。所以，道德的目的絕不可能是道德本身，道德的起源也絕不可能是美德或善，人類一開始並沒有追求美德與善的動機，人類並沒有這種自身善，而僅能透過道德他律來達到結果善。況且，即使一個人努力追求善與美德，由於這種善與美德無可避免地還是會和外在社會作連結，因此說到底，完美自我善，也僅是一種想要獲得他人掌聲，或是獲得自我滿足的結果善罷了，而獲得社會讚賞和自我滿足，就是這種美德追求的最大效益。

這種說法，毫無疑問，認為人類一定是自利的生物，然而這樣的前提，以實證的角度來看，並非絕對正確。實際上，於某些情況下，確實有人會願意犧牲自己來成就他人的幸福，這樣的例子雖不多見，但確實存在，例如曾經在一次恐怖攻擊事件，就有一位黎巴嫩人為了拯救他人，撲倒衝向人群的攻擊者，而犧牲自己。相對的，雖然對自己沒有任何益處，有些人還是會想要傷害別人，這樣的例子並不少見，尤其是在感情的世界中更是如此。以效益主義作為道德的基礎，經常是站不住腳的。

另一方面，道德自律論者，認為道德並非必要之惡，而是必要之善。道德本身的目的就是道德，所以康德在《道德形而上學原理》中認為，道德的追求並不具其他目的性，也不存在任何條件，它的目的即在於自身善的追求。這樣的想法，也類似於儒家的道德思想。

康德這種追求自身善的自律思想，亦以他所謂「絕對理性」理論，亦即「人是理性的生物」作為前提。這樣的前提是否符合現實？不無疑問。而且，即使這樣的前提正確，人類是理性的動物也無法得出「最理性的人」就是「最有道德的人」的結論。實際上，狡詐與刻薄的人也非常理性，他們都是透過縝密的思考，來計畫自己的行為，這類的人，仔細想想還真是不少。因此，說一個人非常理性，有時候非但不是一種稱讚，甚至在某些情況下還是一種貶抑或諷刺。況且，根基於理性的道德，總是會和個人價值判斷和權力性語言連結在一起，好像在以上對下的姿態，告訴他人「應該如何。不應該如何」。這種應然，說到底根本也不是一種自身善，乃以另一種面貌所展示的他律道德。

德行與善良源自於非理性或形而上的力量

道德並不見得一定要透過理性才得以追求，德行與善良經常是源自於非理性或形而上的力量，例如同情之心、憐愛之心、一時興起，或是長年習慣。所以說，理性的力量不一定會比非理性的力量強大。最大的至善，甚至可能不是透過理性，反而是透過形而上而得以實現。不過，道德的最後問題，也許並非善惡問題，亦非對錯問題，關於道德問題，或許可以從尼采的思想中獲得一些啟發。許多人誤解尼采在《上帝之死》是創造「超人」為新的神，甚至有人認為，尼采的思想激發了後來的法西斯主義，這樣的想法似乎太過褊狹。歸根究柢，整部《上帝之死》都和尼采的道德觀和理論息息相關。與其說尼采反基督，不如說尼采在整本《上帝之死》都是在反教會、反權威、反舊有信仰、反舊有道德。反對權力式的道德思想，這種權力，可能是國家，可能是社會，也可能是所謂的權威專家，「權力」和「教會」以非常多的樣貌在現代社會出現。尼采才會說，早期人類依靠的是全能的上帝，但是到了康德時，上帝信念的重心即轉到人類身上，導致上帝死亡，價值崩解，許多人假借上帝之名，作出權力性的論述和行為，他們想要當神甚過於愛神。

回頭檢視性道德，在權力關係論述下，也確認了善惡的關聯性，違反性道德是種惡，是不高尚的。由來於此種權力式的論述，確認了社會生存的每個人的道德圓滿。但是，生命的圓滿是在自我價值的滿足，不在於滿足社會的價值啊！信仰與道德本身，也不是在追求誰比誰高尚，誰比誰有理？無論一個人如何爭辯自己有多客觀有理，最後還是會落入「權力性」或「主宰性」的語言。

盡可能忠於自我地做出自我選擇

至於道德感的價值為何？他律向來不是生命追求的目標，當一個人問說：你的生命在追求什麼？你不太可能會回答：「我追求循規蹈矩地做人。」事實上，在生命的當下，人們想的往往只有一件事，就是盡可能忠於自我地做出自我選擇。一個行為究竟好與壞，道德上是否應被苛咎，在一開始的概念中，人比較有可能想到的是，如一行為產生負面結果，或是不好的感覺，那麼此行為就是壞的，於是時間久了，人類逐漸忘記這些行為的本質與起源，因為對於結果的恐懼，人們通常只記得該行為的結果。如此說來，當一個大眾認定為壞的行為，對於某個特定人卻產生正面結果的時候，這個特定人可能就會開始思考，這個大家都厭惡的違反道德的行為，究竟是不是在其本質上是不好的？道德感的起源就是如此脆弱，所以尼采在《人性的，太人性的》就說：道德感的歷史就是一個謬誤的歷史。他認為，不同的人會往不同等級的利己主義來思考，低級的、高級的，還有最高級的，如果人類覺得一件事情太過低層次例如追求感官享受，竟凌駕於高層次的東西例如健康之上，那麼此行為必然是不道德或屬惡的，尼采認為此種道德感相當荒謬，感官上的層次之分，何時也可以拿來作為道德的基礎？所以在歷史上，有恩必報和有仇必報之人，都會被視為英雄，這些英雄或俗稱的好人要做壞事，恐怕就必須想一些理由，至於那些非英雄，恐怕想重生都是癡心妄想。現代人的道德感，幾乎都是從統治階級，宗族或宗教，以及他們的感官和感受所發展而來的。

無可否認，道德在社會的角色至關重要，但是一行為的道德基礎仍需被探究。人必須要看到行為本質，而不是僅以行為結果，來推論行為本身。在感知的世界，要問的不是「我們應該如何」的這種權力性語言，而是「我們要選擇什麼」。當一個人能夠擁有一種以上的選擇，當一個人能夠擁有一個以上的伴侶時，勢必必須拋棄或犧牲另一者，內心就不可能會自由。被犧牲的那一方，最後勢必會選擇尼采口中的善惡「奴隸道德」，法律再「錦上添花」一下，讓這些人永遠落入被害的弱者想像，於是他們必須永遠在桎梏枷鎖下活著，更不可能獲得自由。人要拋棄這種空虛感和不自由感，根本不應該依靠他律道德和自律道德，所以尼采摒棄禁慾主義，他說：「我們必須擺脫道德，才能夠道德地生活」。最理想的道德基礎，或許就像尼采所說，人們必須成為自己（個人選擇），必須將自主生命置於善惡之上，然後人們才能超越善惡到達善惡的彼岸。

最後，或許叔本華所說的涅槃世界，或是道家的「無為而無不為」境界，才是最終人類感官世界的解答。感官世界究竟有沒有道德問題？人的世界根本無法脫離感官世界，但人們真的能理解道德與感官之間的關係嗎？最終，正如同《紅樓夢》的結語：「好似食盡鳥投林，落了片白茫茫大地真乾淨」。然後，也許就像琦君在「髻」一文所述，這個世界，究竟有什麼是永久的，又有什麼是值得認真的呢？吾等凡人究竟都是弱者，終究無法切斷性與道德的連結。

理性與感性的道德

道德情況一：丙某在罹癌妻子過世的當日，即搭上陌生女子，並與之魚水交歡數次，對妻子的死毫無感傷。

道德情況二：甲男與乙女為親兄妹，兩人為孤兒相依為命，發展不倫戀情，繼而性行為數次，但甲男不孕，且兩人每次皆有避孕，乙女未曾懷孕。

道德情況三：四名水手不幸遭遇船難而來到無人島，丁男死亡，戊男提議將丁男屍體吃掉，於是三人即依靠食人肉而活了下來。

以上三個情況，是否違反道德？

判斷以上三種情況是否合乎道德，除了情況三，所有人幾乎可以在三秒之內依據直覺判斷「是」或「否」，或者至少曾閃過「是」或「否」的念頭，至於理由是什麼，多數人則至少需要經過五分鐘以上之思考，始得說出較為具體之理由。

然而，該理由是否真有道理？

倫理由來於直覺？

在情況一中，並沒有任何人受到傷害，丙某薄情寡義，但其妻已死，丙某並未傷害到她，許多人或許會被說服：「既然沒有人受到傷害，丙某薄情寡義或許和他人並無關係」。但在情況二，則較有可能會挑起某些人的神經，縱使努力用各種理由說服，諸如「甲男乙女也沒傷害他人」、「他們不會生下小孩」等，某些人可能還是會說：「我說不出理由，但就是覺得近親相姦不對，這有違倫理。」

案例三則是歷史上有名的法律案例，後被李安改編成電影《少年PI的奇幻旅程》，此道德困境引起相當激烈的辯論，多數人認為吃人肉是不對的，也就是說，即使這三名水手遇到危及生命的情況，他們也不應該吃人肉。

隨著爭辯的時間愈來愈久，一些人可能開始靈光乍現，而得為情況二和情況三找到理由：「甲男和乙女會傷害到已故的父母或其他的親人」、「三名水手傷害他們的親人，而且來生將永遠活在陰影中，他們孩子在學校可能會被輕視」。

多數人在推理的過程是這樣的：直覺上可以立即認知某些事情不道德，然後努力想出理由，最後創造假想的受害者。此種情況，休謨即曾說：「理性是，而且應當是熱情的奴隸，除了為熱情服務之外，它無法擔當任何其它工作」。

提及道德，古希臘哲學家當時並未深究道德，而是將重心放在美德、善與幸福。柏拉圖於《對話錄》探討的是「善、虔誠、節制、美、愛、正義」，希臘哲人雖渴求所謂的善知識，自柏拉圖開始，一直到笛卡兒、康德，西方即進入一連串的理性迷思，認定理性是所有道德的基礎，至今未已。如柏拉圖曾說：「懂得事物實在的知識，是一切美德中最大的美德」，開啟理性之門。

西方哲學的道德理性觀

柏拉圖曾以馬伕駕車來形容人類心智與靈魂的起源，他提到馬伕駕著兩匹馬拉行的馬車，此兩匹馬一隻很溫馴（代表美德），另一隻則桀傲不馴（代表慾望），馬伕一直努力控制好兩匹馬的行進（代表理性）。當馬車行經某些地方時，會經過所謂的觀念世界，兩匹馬於是接觸了觀念。直到有一天，兩匹馬突然發生衝突打起架來，於是便墜入塵世中物質世界，雖然如此，但因為靈魂曾經接觸過觀念世界，便有了思辨能力，靈魂領悟觀念的能力並不相同，自哲學家至暴君可分為多種等級。

自希臘哲人開始，西方哲學在倫理學上，始終無法擺脫道德理性觀，故無論係以康德為首之道德自律論，或以邊沁效益主義為基礎之道德他律論，兩論雖然彼此相斥，無不認為人類道德的基礎與本源係基於頭腦理性思考，推理並進而選擇之結果。人類道德感的形成，並非以追求真理為基礎，慢慢由理性推理之至。實則，道德感的形成，和大腦並和人的感官、直覺、文化及價值觀較有關係，大腦只是為我們的直覺再三地進行辯護和確認。這樣的直覺，會因為我們的偏見與經驗一再受到強化，這也是為何兩個對立的團體永遠無法接受對方的論點。

以死刑為例，當支持死刑論者的看到社會出現冷血殺人魔，他就會在心中確立「看吧！我果然是對的，如果廢除死刑，這些罪大惡極的人就會逍遙法外，然後就會有更多受害者」。相對的，對主張廢死者而言，如果出現冤獄個案，他就會在心中確立「死刑的存在永遠都會存在風險」。雙方要改變彼此的認知都會相當困難，受害者永遠都會應運而生。信仰的本質，永遠無法透過理性說服改變信仰，這才是真正的核心。

西方倫理學之所以出現困境，在於無用卻又主流的二元論之盛行，理性和非理性根本不可能截然二分。人類永遠會同時受到大腦和感官的影響，甚少有人的道德選擇是從無至有，是慢慢透過理性思考而來，多數的狀況，應如同休謨和我們的祖先所述，感官和心智往往是大腦的主人，進而主宰一個人的行為和想法。

我們對某些行為和詞語，已經有了特定的直覺，例如一般人下意識會直接認知，堅貞和忠誠是正面字詞，而背叛和通姦則是負面。所以在很久以前，美國司法於指認程序上，如果列隊指認出現黑人，經常認定一定是黑人幹的。人類受到情緒、偏見、直覺的主宰，其程度恐怕比人們所想像的更深且廣。研究並發現，人類歷史上出現的道德議題，經常和人的六根感受：噁心、食物、性相關。這也是為什麼在富裕的年代，保守派永遠會取得勝利，因為保守派的思想永遠能激發群眾尤其是富人情感上的同理心。愈來愈多哲學家和心理學家也發現，道德永遠會受到心智（mind）的驅使。所以叔本華認為，同情才能夠激發真正的至善，並非毫無道理。

理性只是激情的僕人嗎？

心理學家研究也發現，所謂的病態人格者，並不是缺乏理性，而是缺乏感覺，對犯罪者而言，理性的能力並不比一般人來得差，某些人甚至凌駕其上，但病態人格缺少對事物的感覺，他們對於他者的痛苦亦無感受。研究並指出，在所有職業類型中，律師、執行長和媒體工作者，擁有病態人格者的比例最高。因此，訓練一個人的理性和思維能力，並無法激發一個人的道德，道德的起源不在於大腦，而在於心智，所以宗教崇尚禪修、音樂，用意即在於訓練一個人的心智和直覺能力。實證而論，大自然、禪修或特定的信仰，確實可以讓人們獲得無法言述的神聖及平靜的力量。

假定休謨是對的，理性只是激情的僕人，那麼道德就絕不可能根基於理智，而相對的，理性也極有可能成為非道德的利器。對個人而言，某些直覺雖然相當準確，也有相當比例性的錯誤。為了維繫自己的名聲，或為了生存，人類和動物一樣會出現所謂的欺騙行為（deceive），有人即曾說道：最大的謊言，就是能騙過自己的謊言，於此方面，大腦永遠能負責任地為人的直覺尋找藉口。

心理學家實驗並指出，一般人和社會群體的道德連結較為緊密，於某些情況下，大部分人並無法分辨出社會規範和道德的差別。語言之發現，使得社群發展更為緊密，研究並指出，八卦對於道德維繫，有著強大的助力，強大的社群性，使得人類對於背叛的行徑特別敏感，並視其為違反道德之行為。此外，某些高學歷份子則較有可能發展出遠離群體的個人道德觀。此種道德觀，在大眾眼中，卻是屬於所謂怪人道德。例如在上述三個案例中，高學歷知識分子常會出現以下答案：「我是不會這麼做啦！但是我不會說他們的行為是不道德的。」

理性的啟蒙使得倫理學成為邏輯學，道德重點從心性道德變成困境道德（即道德難題：例如生命權與自由難題（墮胎）、性自主與婚姻制度（通姦）、言論自由與隱私權（第四權）等。

哲學上有名的電車難題

有一個哲學上有名的電車難題，該道德假設曾引起激烈討論。其題目假設是這樣：你眼前有輛急速失控的電車，電車不遠處有五個鐵路工人，以及一個鐵路工人在兩條不同的軌道上專心工作，將來不及逃離。正好在你可以控制令電車轉軌的控桿，如果你不將電車轉軌，便有五位工人被撞死，如你及時轉軌，便只有一個工人被撞死，你會如何抉擇？

哲學史上有名之論述，即是以效益主義來評斷。研究結果發現，幾乎所有的人都會選擇救五個人的性命，勝過那一個人。不過，當題目改變成：那一個是你的親人和熟識時，所有人則會改變立場去選擇拯救那一個人，犧牲五個人。但若是康德道德自律論者，會認為：如果不殺人是一種絕對命令，則那一人和五人皆不應死，你不應該下手去殺任何人。

不過，必須要說，此問題實際上和效益主義或道德自律並無關係，是實實在在與人的直覺與心智有關。在真實的情況下，這恐怕不是什麼道德難題，一般而言，多數人對於陌生人生命的感覺，不管是一人或者五人，並沒太大區別，所以當心理學家用FMRI大腦掃描測試，多數人在決定原始問題時，大腦運作相當平常，但當問題改變而涉及自己親人時，大腦的情感區塊便開始活躍。哈佛大學桑德爾教授甚至改變問題，問道：「如果那一個人是個相當肥胖的胖子呢？」此時有些人可能開始改變答案，似乎覺得胖子比較該死，難道死胖子一詞由來於此嗎？

效益主義並無法解釋人類的行徑，在許多情況下，即使沒有益處，人還是會選擇做出不合效益的事，例如復仇，或是自我犧牲。在電車難題中，大家真的是以效益來作出決定嗎？似乎直覺和情感對人們造成的影響更大，這是合於人性的看法。然而，必須要釐清的一點，人的大腦是一種極為複雜的構造，即使是以科學角度觀察，人的行為也很難預測，休謨所述：理性只是激情的僕人，似乎也有點言過其實。

《羅生門》展現人性善惡的真實面

除了極端例子，多數人在做決定時，認知、情感和直覺都會相互影響，難以區分。多數情況，情感和直覺會主導思考，但訓練思考，確實能幫助一個人訓練他的直覺力，尤其某一觀念經過理性再三辯證，而逐漸內化成為自己的心智及信仰，受他人影響的可能性就會變得相當低。於此並非否認理性存在，亦非否定道德，最重要的是，人類必須要瞭解自己的道德直覺並不如自己想像中的可靠，多數時候，一個行之多年的社會規範和道德議題並無關係。

《羅生門》的故事，也講了一個道德的觀念。在死屍橫生的年代，失業的長工在城樓下，正思索著難道為了生存而真要為非作歹的活下去嗎？不，再怎麼樣都要維持對道德的信仰。然而，從羅生門往上看到火光，發現老太婆竟為了活下去，拔著死人的頭髮準備作成假髮而維生時，她不也這麼褻瀆著死人嗎？長工也顧不得這麼多，一腳向老太婆踹去，剝了她的衣物，拿了就跑，不就是要活下去嗎？還真有道德這回事！

五　刑罰

島國通姦

婆娑之洋，美麗之島，台灣這個島嶼國家，其上櫛比鱗次的便利商店和房屋仲介公司，當然還有多不勝數的汽車旅館。這些年來，汽車旅館如雨後春筍般冒出頭，散布在這以台灣島為首之島嶼之國。汽車旅館又叫摩鐵（Motel），從平價類到高檔型的摩鐵應有盡有，其隱密、便利、便宜等特性，除了提供汽機車族住宿選擇外，最重要的，摩鐵也提供數小時的休息型態的服務。不過，多數去休息的人，其實是到摩鐵享受魚水之歡，蓋棉被順便聊聊天。怪不得摩鐵如繁星般，又像是在島國四處閃閃發光的燈塔。善男信女，被這一座座的燈塔引領著前來。又像是會放出費洛蒙的神秘之地，讓戀人們前仆後繼的衝進去。無論是大都會區，或是山之巔海之崖的旮旯角，都能發現摩鐵的蹤跡。

島國人民的偷情與摩鐵現象

摩鐵現象，不得聯想到了政府的打房政策，有這麼一說，認為政府打房會造成千百家的房屋仲介店倒閉，對此，曾有財政部長打趣的說，台灣這麼小，有必要存在那麼多房屋仲介店嗎？房子這麼貴，他說買房子又不像去便利商店買礦泉水，房屋仲介店的比例、數量，是否需要像便利商店一樣呢？真是很有趣的比喻。同樣的，島國需要這麼多汽車旅館嗎？房屋仲介因為打房造成不動產交易需求銳減，而吹響了房屋仲介業的熄燈號。然而，摩鐵業的繁榮，除卻其他類型的住宿、休息或娛樂需求外，大概只有人口或性行為的需要減少，才有可能影響到摩鐵業的商業面向。由此觀之，性與摩鐵的關係，看起來還真是關係密切，恰如魚和水之緊密連結。其中，偷情的性應屬大宗，基於摩鐵的隱蔽，剛好與性、偷情也講究隱私的要求，互相吻合，更加助長摩鐵存在的必要性。

島國人民的偷情與摩鐵，竟莞爾的猶如孿生兄弟姊妹，會有如此高的依存度。婚外戀的數量，日趨成長，當然如前所言，摩鐵數量之多，證明了婚外戀的成長，並提供相當科學計算的證據。性道德的要求，已無關重要，去摩鐵休息乃心照不宣去做那檔事，過往，傳統人們內心或外在的不好意思的狀態，不得以示人，所以要求絕對的隱蔽性。物換星移，隱蔽性的要求沒有稍減，但是最重要之目的，早已轉換為避免被科技跟監或是被不知情的錄音、錄影。很清楚地，摩鐵的隱蔽性，帶給婚外戀的人們最佳活動場域，這樣的空間，讓肉體得到解放，更重要的，不會有人知道，到底發生了什麼事。

暫毋論同性婚姻，僅以舊傳統所認知的男女異性結合的一夫一妻婚姻來看，可以發現其中基本存在的要素（經濟因素除外），包括愛情或情愛、生殖、性關係，這些是婚姻內重要的要素。一夫一妻制度，要求另一半不能與他或她人產生愛情，不能和他或她人生小孩，不能和他或她人發生性關係，一旦發生了前面所說的行為，將破壞婚姻存在的基礎，儘管可能產生破壞，但對於換夫換妻俱樂部的成員來說，快樂都來不及了，怎麼會產生破壞呢？暫時排除類似狀況，被前述行為破壞的婚姻，不見得與婚姻的崩解劃上等號。所以說，在道德規範無法透過自律方式，讓夫妻一方經常性的約束自己，或是壓抑，或是禁慾，此時，為了維持婚姻完整性，有人相信應該採取另一種規範的尺度，讓準備破壞婚姻的當事者，產生警惕或嚇阻的作用，破壞婚姻的行為將卻步不前，夫妻的忠誠義務將得以維持婚姻的完整性。這樣的尺度規範，只能求諸於法律，否則無法有任何外在的強制力，如果沒有強制力，所謂保護婚姻的口號均成枉然，此即為訂定通姦罪的原因之一。

可是，為了管制婚姻外的性行為，法律介入這麼多年，實證結果顯示，並沒有達到保護婚姻的效果，僅僅是助長了徵信業的發達，抓姦抓猴之奇奇怪怪的笑話，不斷的上演，法院關於通姦罪的判決，也可說是笑話一籮筐。

婚姻的裂縫隨著婚外情資訊的公開而更加擴大

本來很嚴肅的婚外性行為議題，應該是難過與傷心，然而從滿坑滿谷的法院通姦罪判決的新聞看來，多是氣憤與笑談。從婚姻、愛情、性關係、經濟生活、道德價值、責任等觀點，多面向觀察，一整個莫此為甚的無釐頭，這種結局不是參與其中的當事者所樂見的，可就無法擺脫如此的宿命。還有，十之八九，不會有直接證據證明姦夫與淫婦有性器結合的證據，無罪抗辯乃屬正常，因此，通姦者的無罪抗辯更是奇形怪狀五花八門，蓋棉被純聊天的案件，不勝枚舉。

法院消極抵制適用通姦罪，已屬常態，司法部門疲於應付這種微型案件，甚或是被動地反應對於立法機關的不滿，漸漸地，將通姦罪真的當罪刑在看的，僅存於道德高尚的法官之輩。這種現象，才會造成民眾對於看似有罪卻判無罪的通姦判決，恣意大罵恐龍法官。實際上，恐龍觀點批判現世的法官，如此的立場反轉是大多數民眾所未能察知的。基於此，通姦罪應否存在？正確答案已相當清楚，現實卻高比例的選擇了錯誤的答案，這是非常奇怪的現象。其實關於通姦議題，更重要的，毋寧是對於「愛、情、性、婚姻、家庭」，應有深刻的瞭解，經過啟蒙式的領悟後，再回頭討論通姦罪的議題，或許能得到自我意識存在所為較正確或是自由意志所選擇的答案。

婚外戀大多數的情況，是處於隱蔽的狀態，此為正常的現象，也符合現實的生活。隨著隱蔽性消失，眾所皆知，婚姻本來的裂縫隨著前述婚外情資訊的公開而更加擴大。最後，原本婚外戀的隱蔽性外衣被揭露了，這層外衣加諸在現實的婚姻後，更容易造成婚姻的解消。人們不瞭解這樣的變化，堅持用法律來懲治婚外戀者，治絲益棼，沒有解決問題，卻製造更多的問題。許多的法律學者及女性主義者，多認為用罪刑來規範通姦行為是錯誤的觀點，幾乎認為以民事法來介入婚外戀即可。然而，大眾的想法，還是承襲傳統遺風，理由不一，多認為不宜廢除通姦罪，而此大眾又多為女性。

專家學者與民眾觀點的重大歧異，讓婚外性行為之入罪與否的問題更加複雜化，法律是為人民而存在的，法律專家說通姦罪有問題，民眾卻說法律專家頭殼壞去，這樣的現象是有趣的。難道是民眾對性道德的解放程度不夠？還是勸和不勸離的傳統觀念的影響？抑或是婚姻法對女性於婚姻解消後的財產保障程度不夠？又或是人們因愛情的異化而影響了對婚姻的看法？島國的鄰居日本、韓國，都已經沒有通姦罪，中國大陸原則上也無一般通姦罪，文化價值觀相似的島國人民，為何還是堅守著婚外戀是犯罪的行為？輕率直觀的回答，如果只想到報復是主要理由，那是淺薄的看法；如果說是維持婚姻的必要規範，那是騙人的說詞。婚外戀在我們所處的時代，究竟是否算是一種犯罪？還是一種道德上的瑕疵？或者說婚姻的愛戀無所謂對錯也無所謂道德性評價？這是值得深思的。

通姦罪除罪與否的結論，不意欲以溝通的方式得到共識或答案，僅盼在資訊的傳遞過程，形成不中斷而相續的資訊網絡，讓人們能重新內化自己的觀點，或於知的過程中瞭解更多的矛盾，再由自己親身解開這些矛盾，或許就能找到自己要的答案。二〇一七年的司法院大法官會議釋字第七四八號解釋，對於同性婚姻合法化，帶來新時代的觀點。同時，關於通姦刑罰化的未來走向，相信國民也將會有不一樣的思維。

黑夜裡，摩鐵的招牌霓虹燈依然閃爍，一輛汽車急駛進摩鐵裡，男的一下車就衝進廁所，女的一下車則是東張西望。他們是來上廁所還是來做愛？沒有人知道。不過，狗仔早在對面的大樓等著，明天這檔事將會是頭條新聞。

通姦的刑罰歷史

觀諸歷史，世界上所有國家幾乎皆曾存在通姦罪。如果說，通姦罪是社會和文化的產物，那全世界關於此發展可謂相當一致。

人類祖先們的想法是什麼呢？人類的性生活為什麼要受國家權力管制？性器官又為何自其他器官被區分出來，成為如此特別的存在，必須要以刑罰制約？先不論國家對於猥褻、性交易等行為之規範，如果只就通姦罪來看，性無疑受到婚姻家庭之保護，變成只有維繫婚姻制度和種族繁衍的嚴肅功能。如果說基因是自私的，立法者為何要制定通姦罪？通姦罪對他們的好處是什麼？

「婚姻外性行為」的立法問題

前人在面對「婚姻外性行為」的立法問題時，比較有可能想到以下三種想法。

計劃一：禁止所有的婚姻外性行為，亦即所有人的性器官只容許配偶所獨有，這個計劃的好處是，婚姻和家庭制度的絕對維持。然而，男人似乎對這個計劃並不滿意，如此便意味著丈夫的性快感只允許從妻子那邊得到，而且，子孫繁衍的數量將會大幅減少。

於是，某個天才男人想到了計劃二：不禁止所有的婚姻外性行為，所有的性行為皆被解放，這個計劃的優點是，所有人皆可充分享受性帶來的愉悅，且該愉悅感不限於從配偶那裡得來，子孫可以無限繁衍。不過，一般人很快就發現這個計劃的風險：性道德淪喪、社會風氣敗壞、家庭制度崩解……，然而，最大的風險應該在於：男人無法確定孩子是不是他親生的！計劃二簡直是所有男人的夢魘，因此誕生了計劃三。

計劃三有兩種選擇，其一，所有婚外性行為還是禁止，但容許男人行一夫多妻制，如此，男人不但可以享有多重伴侶，也能確保自己的孩子是親生的；其二，採單偶制，但是女人的婚外性行為應被禁止，男人則不須被處罰，或僅須輕罰即可。

以上三種計劃中，很明顯，對負責立法的男人們而言，最受青睞的應該就是計劃三，於是不平等的通姦罪就此誕生。

以上說法並非空穴來風，事實上，所有國家的通姦罪，原始立法的目的經常是：「避免妻子不忠。」

通姦罪的歷史脈絡

有夫之婦，與人通姦者，處二年以下有期徒刑

——民國十七年刑法第二百五十六條

通姦罪的歷史何其悠久，各個宗教對於外遇視為邪淫的觀念，所在都有，婚外性行為被丟石頭處死，或是浸豬籠，也常聽聞。甚至，為處罰紅杏出牆者，會要求配戴象徵通姦的Ａ字（Adultery）的鍊牌，以展現一種恥辱的標記。

通姦罪是如何形成已不可考，它的發明應該跟某些人對於通姦行為感到不悅有關。

當然，這樣的理由似乎不足以成為理由，所以爾後又出現了「善良風俗」及「維護婚姻家庭制度」之理由，使得通姦罪變得更加豐富。

很久以前，世界上的性犯罪只有一種：婚姻外性行為，其中，該犯罪又可分為強姦罪與通姦罪，然而，前者幾乎沒有成立的可能。一般而言，強姦罪的拉丁文意味竊盜，古早時期，家庭是財產的集合體，家長（丈夫）是財產的所有權人，妻子和女兒都是家長的財產，性侵有夫之婦等於侵害別人的財產權利，受害人是丈夫而非妻子，賠償金也會給付予丈夫。當然，除此之外，善良風俗也是性犯罪主要考量的重點，不過所謂的善良風俗，在當時幾乎和婦女貞潔畫上等號而充滿強烈的歧視色彩。於西方世界，早期要成立強姦罪幾乎沒有可能。在個案中，婦女必須要證明自己已展現強力抵抗，亦即必須抵抗至面臨死亡危險始得免於通姦罪之懲罰，而這樣的舉證在當時要成立，不太可能。可知強制性行為是現代的產物，同樣的行為，在早期會認定是竊盜行為，源於女人被當作財產，近代女性解放之後，才有所謂強制性行為的問題。因此，婚外性行為若著重在性行為部分，通姦就是被關注的焦點。

由此可知，通姦罪才是國家主要規制的對象，也是性犯罪的大宗。我國近代，幾乎也採取類似的作法，婚姻外性行為皆被禁止，而婦女更是主要的規範對象。

我國對於通姦罪的歷史沿革大概是依循以下順續發展：

臨時政府頒布的暫行新刑律第二百八十九條：「和姦有夫之婦者處四等以下有期徒刑或拘役，其相姦者亦同」。

民國三年，袁世凱公布的補充條例第六條規定：「和姦良家無夫婦女者，處五等有期徒刑或拘役，與其相姦者，亦同」。

民國十七年舊刑法第二百五十六條：「有夫之婦，與人通姦者，處二年以下有期徒刑；其相姦者，亦同」。

民國二十四年，受近代性別平等思潮影響，劃時代的新刑法第二百三十九條因而誕生：「有配偶而與人通姦者，處一年以下有期徒刑，其相姦者，亦同」。於是，民國二十四年的通姦罪規範被沿用至今，直至今日未有修正，中國不再用了，台灣卻仍持續沿用。

要談通姦歷史與故事，可能有講不完的故事，有人說婚姻這道枷鎖太沉重了，所以要二個人一起扛，為了釋放如此沉重的壓力，從古迄今，婚外戀的故事不斷上演，處罰外遇的刑罰則漸趨緩，這樣的現象或許可以解讀是一種對「人性」的體諒吧！於我國，通姦罪與罰的故事，似乎應該要告一個段落，然而，事實卻不然。關於通姦的故事仍方興未艾……。只不過，這存在一百年的通姦罪，到底挽救了多少家庭呢？

通姦罪無法維繫婚姻

自由派法官的看法

一段美好的婚姻，夫妻雙方都應該認識到，無論法律怎麼說，在他們的私人生活中，他們都必須是自由的。

——葉啟洲法官民國八十九年十一月一日釋憲聲請書，引用羅素《婚姻》。

民國八十九年，時任高雄地方法院葉啟洲法官審理妨害婚姻的通姦案件，裁定停止審理程序，認為通姦罪違反憲法，向司法院大法官會議聲請解釋憲法，希望能宣告刑法第二百三十九條通姦罪是違憲無效的條文。

此聲請釋憲的個案一共有兩起，第一起的男主角H某，背著妻子在外有了女人，因而導致小三懷孕而產下私生子，妻子憤而提告；第二起則是女主角L某，和丈夫分居多年，在外和另一名男子相戀，因而懷孕產下一子，丈夫於是提起否認之訴，也就是透過法院確認小孩不是他親生的。

法官在審理此兩案時，心中面臨強烈掙扎。平心而論，此兩起個案，根本沒有所謂「可惡至極」的人，要用刑罰處罰，這樣對嗎？

通姦罪違反憲法嗎？

此釋憲的基本想法是這樣的：

通姦罪的立法理由，普遍認為主要在於兩者，其一，對婚姻制度的尊重，其二，對社會善良風俗的維護。先不論此兩個保護客體是否得足以被稱為「法益」而具有正當性，通姦罪本身是否得以通過憲法比例原則的考驗，已值得懷疑。

人從憲法上的自由角度觀察，通姦罪限制一人的性自主權利，用刑法限制一個人不能決定自己的「性」自由，這樣的性自由禁止，讓「性」成為丈夫或妻子所獨有，可以思考這樣的刑法，是否有其存在的立足點？

葉法官在這裡提出兩個關鍵的問題：第一，對於配偶可否主張性自主權？第二，個人的性自主權可否對婚姻外之第三人主張？

第一個問題顯然是肯定的，從一個顯而易見的事實就可得出此結論，無論是在法律上或事實上，配偶仍有成立強制性交罪的可能。由此可知，一個人的性自主權並非為配偶所享有，而應該屬於自己。以此邏輯，也可得出第二個問題的答案，個人的性自主權應可向婚姻外的第三人主張。

不過，由通姦罪的法律觀點來看，事情恐怕不是那麼簡單，因為性自主權會受到法律上的限制，此限制就是民法上俗稱的「忠實義務」。法律管不著人們的內心世界，法律能規範的只有人的客觀行為，刑法存在謙抑性，因此得規範的範圍更小，而僅限於發生實害和危險的行為，這是基本的觀念。聲請釋憲的法官認為，以刑法追求婚姻內之忠實，不僅緣木求魚，而且該刑罰權之行使亦屬濫用。

一個人對於忠實義務的違反，是否即可以稱之為犯罪行為？本釋憲理由認為答案是否定的，民法和刑法追求的目的並不相同，民事婚姻法上的忠實義務和刑事責任的基礎並無關係，因此以忠實義務作為通姦罪之基礎並無說服力。葉法官並舉出一例說明通姦罪之不合理性，假使配偶因某些原因不願和另一方發生性行為，但因通姦罪存在又不得和他人發生性行為，如此無非是以婚姻之名，讓一人的生理需求受到禁錮，違反人性尊嚴。應該這麼說，如果沒有婚姻內的性行為，又沒有婚姻外的性行為，法律強制一個人不能有性行為，這樣的法律沒有瑕疵嗎？

葉法官的觀點頗具深意，事實上，此看法和一個人對於婚姻的真諦認知，也有關係。有人認為，「性」是婚姻的重要要素，但現實是，世界上已有許多人不再這麼認為，開放式婚姻也不會導致夫妻失和，在很多個案中甚至使伴侶間感情更好，也許有人不相信這樣的觀念，不過，沙特與西蒙波娃確實做到了。再者，當配偶不幸染上性病或重病，無法再行性行為時，你會決定和配偶離婚嗎？如果你是染病的那一方，你會願意自己的配偶和其他人發生性行為嗎？性生活對於婚姻真有如此重要？甚至超越心靈上的契合？這是某些人矛盾的地方，浪漫主義本應使人性解放，但反而卻因浪漫主義而生的性愛結合，讓感情如同工作或坐牢。

釋憲理由提及，通姦罪這種限制個人性自主權的法律，究竟有無必要性，必須要通過憲法比例原則的審查。所謂比例原則，內涵有三：適當性（合目的性）、必要性（最小侵害性）、狹義比例性。

通姦罪可以維護婚姻關係嗎？

其中，適當性是指通姦罪能夠達成其立法目的，通姦罪的立法目的向來有二：婚姻關係之維護，以及善良風俗之維護。先看第一個觀點，通姦罪是否可以維護夫妻間的婚姻關係？實務上，只要是婚姻外的性行為皆須被懲罰，所以即使配偶在外和他人從事性交易，邏輯上這種行為也必須要被懲罰，然而，從未有配偶和他人從事性交易而被告通姦的，不曾見召男妓、女妓者而被告通姦罪。因此，通姦罪的本質，很明顯的涉及感情因素，也就是說，被出軌的一方之所以生氣，在於彼此感情的生變，至於該生變，究竟是因為第三者所以生變，還是因為生變所以才有第三者，無關緊要。總之，告上通姦罪的個案，共通的特性就是案中的夫妻感情已經變調，如此破綻的婚姻，無法靠法律來修補。釋憲理由引用台大法律系黃榮堅教授的話說道：「一個幸福美滿婚姻，除了當事人的自我充實與自我成長外，並沒有其他的替代方法。在自我意識的啟蒙後，任何透過強制的方式，包括夫妻一方把自己看作是對方的警察，或是透過國家立法製造感情義務，都不是維護感情及婚姻的適當作法」。法官亦引用了羅素在《婚姻》一書的名言：「如果說你的責任是愛某某人，這會使你恨他。……至於一個美好的婚姻，夫妻雙方都應該認識到，無論法律怎麼說，在他們的私人生活中，他們都必須是自由的。」若對自由有深刻的瞭解，對通姦罪就會有不一樣的看法。

民國八十九年之際，能提出以上論述，相當難能可貴。很多當事人內心明白，只是不願承認，通姦罪的背後恐怕只和報復心相關，根本不可能具有維護婚姻關係或促進家庭和諧的功能，釋憲理由才會依實說出真相。通姦罪維護婚姻制度的功能，是出於想像或是假象，在大部分的通姦罪個案，幾乎都造成婚姻毀滅的結果，通姦罪根本不可能通過適當性原則的考驗。法律明明帶領人民向東走，卻偏偏要說向西走，這種法律卻為大多數人民所深信不疑，許多人也都認可表面的講法，至於往哪兒走已無關緊要。只能說堅持獨享另一半的性器官，惟有訴諸法律的保障，這個觀念不改，通姦罪就會永垂不朽。

至於必要性原則，則是指在所有能達成目的的選擇中，通姦罪所造成的侵害性最小。從上述說明應可明白，通姦罪要達成的目的之一：婚姻制度維繫，無法依靠法律，通姦罪不可能具有最小侵害性。那麼既然通姦罪過不了適當性和必要性原則的檢視，狹義比例性原則就更不用說了。

外遇懷孕生子的問題

此外，釋憲聲請書更提到一個值得深思的問題，那就是在通姦罪中，非婚生子的角色。實務上，許多通姦個案都存在外遇懷孕的結果，少有站在這些孩子的角度來探討通姦罪，這就如同舊親屬法對於夫妻離婚後親權行使的規定一樣，更顯成年人的愚昧和自私。

事實上，這樣的觀點非常寫實，尤其在許多離婚案件中，一方聲請的會面交往權即可觀察，許多父母對待孩子就如同對待寵物一樣，毫無尊重。葉法官並提到，如果婚姻外第三者被判決有罪，那孩子的出生變成好像是犯罪的結果，或是犯罪的證據，幾乎貶低孩子的生命價值，並對該孩子的內心產生相當負面的影響。

上述釋憲理由，在法律上提出許多通姦罪的根本問題，後續看大法官們如何回應。可想而知，無相當時日，難以扭轉積習，保守的大法官找個理由就回絕了小法官的請求。

大法官的觀點

刑法第二百三十九條對於通姦者、相姦者處一年以下有期徒刑之規定，固對人民之性行為自由有所限制，惟此為維護婚姻、家庭制度及社會生活秩序所必要

——大法官會議釋字五五四號解釋文

針對小法官的釋憲聲請，大法官們關於「刑法第二百三十九條對通姦、相姦者處以罪刑，是否違憲？」，於民國九十一年十二月二十七日公佈之司法院大法官會議釋字第五五四號解釋，對該問題做出了回應。

相較釋憲聲請書，大法官們作出的解釋文反而出奇地簡單，了無新意。首先，他們認為，婚姻與家庭對社會發展甚為重要，且「婚姻制度植基於人格自由，具有維護人倫秩序、男女平等、養育子女等社會性功能」，因此，國家自可以制定相關規範約束夫妻間之忠誠義務。所謂婚姻制度植基於人格自由？所指人格自由為何？人倫秩序、男女平等、養育子女，與夫妻的「性行為、感情」有何關係？若照人倫秩序的邏輯，戀愛男女的劈腿行為，應該也可以處以戀愛不倫之刑，人們能接受嗎？再看男女平等，配偶的外遇，不是男女都處罰就叫平等，而是自由的平等，才是平等，不自由的平等，是大家都不平等。以養育子女連結到夫妻感情的外遇，更是莫名奇妙，養育子女與夫妻的感情，二碼子事可以扯上邊，足見任何理由都可以成為處罰外遇的藉口。

至此，大法官並未解釋忠誠義務和婚姻和家庭制度的關係為何，似乎將它當成一種自明之理（這世界上並不存在什麼自明之理）。大法官說人有性行為之自由，話鋒一轉，又說該自由的行使仍必須受家庭與婚姻制度之約束，亦即該自由並非一種漫無限制的自由。說穿了，什麼理由都可以拿來制約自由。感情是最自由的事，連最自由的事都輕而易舉的被侵犯，只能說人世間充滿著假自由，尤其是透過國家機關所宣稱的自由，更是如此。

大法官並說明，通姦是否要以刑法相繩，因各國國情不同，立法機關自得權衡如何規範，如以刑法規範，若其得通過比例原則之檢驗，自然應屬合憲。

通姦罪是否得通過比例原則檢驗？大法官的答案顯然為肯定。解釋文談到，婚姻之維持本應以夫妻雙方情感和信任為基礎，以通姦罪制約乃不得已之手段。在適當性原則部分，大法官認為刑法有預防犯罪之功能，對於維護婚姻與家庭制度仍有一定功效。而且，通姦罪之處罰非常輕微，又是告訴乃論，如果經配偶原諒還可以免於刑罰，基本上足以通過必要性和狹義比例性原則之考驗，和憲法並無違背。

我國是極少數存在通姦罪的國家

以上，大法官不僅未正面回答釋憲之根本問題，可謂通篇廢話，而且，即使是以法律角度而言，該解釋文也未行任何實質論述和檢驗，算是相當失敗的解釋文範例。如果真有預防犯罪的功能，到處林立的摩鐵作何解釋？外遇現象反而與時俱增，何故？假若依大法官的說法，通姦罪預防了犯罪，意思是說儘管有這麼多的外遇，但是因為法律壓抑，很多外遇是被防堵了，豈非大多數的配偶都想外遇？難道大法官說出了真相嗎？人倫秩序保衛者，包裝後的話語，竟隱藏著人倫秩序大崩潰的真相。

終究，大法官們還是持極端保守的觀點，就算世界上大部分國家都不存在通姦罪，我國仍然堅持用刑罰管制夫妻間的感情。我們國家的法律大多沿習於日本、德國，而這二國並不存在通姦罪，再來看鄰近國家，像是中國大陸基本上也沒有通姦罪，韓國在二〇一五年也廢除通姦罪，我們的大法官們為何還是如此保守呢？感情，要用刑罰來管制，實在是管制不了，感情就是感情呀！

在韓國廢除通姦罪的當下，也激起自由派的法官，於事隔十多年後，再度挑戰大法官對於通姦違憲性的議題。據新聞報導，苗栗地方法院法官陳文貴，審理通姦案時，他認為夫妻長期分居時，外遇者還是保有性自主權，屬於憲法第二十二條保障的基本人權，因此，他又停止審理，二〇一五年八月再度向大法官會議聲請釋憲。雖然十幾年的釋憲案認通姦罪合於憲法規定，陳法官說當年大法官做成第五五四號解釋文，時隔十餘年，社會時空環境已有相當程度的變遷，且通姦罪公佈近九十年未曾修正，社會對性行為觀念早已不三變，且通姦罪的除罪化早已是世界潮流，韓國最高法院於二〇一五年宣告通姦罪違憲，甚至於中國大陸基本上也沒有通姦罪。台灣社會之夫妻外遇案例司空見慣，離婚率還高於中國大陸，可見通姦罪已沒有威嚇不外遇的效果。他的結論也認為「性行為自主權位階高於婚姻制度」，法律原則解釋與應用應與時俱進，不應拘泥陳腐的維護「忠誠」觀念的思想，所以陳法官認同葉法官的觀點，認為行使個人身體自主權，無須經第三人同意，國家法律以刑罰手段制裁是違憲的。小法官再度挑戰大法官的結論，足以證明外遇用刑罰處理一事，存在太多的問題通姦除罪化運動，如火如荼的展開，士林地方法院法官蔡志宏接著又揭竿起義，就婚姻是否該用刑罰保護一事，他在二〇一五年九月七日投書自由時報，對陳法官之聲請釋憲案也表達了自身觀點，蔡法官認為性自主權既然為憲法上所保障之權利，則兩人於你情我願之前提下發生性關係，即使在道德上可議，國家也不應以刑法相繩。我國大法官雖曾作出五五四號解釋，惟該號解釋迴避了通姦罪之根本問題，並未解決通姦罪之問題。

他並提到刑事案件實務上，檢察官必須負擔舉證責任，於是在法庭上，為了證明通姦行為存在，必須將個人私生活之細節公開，蔡法官認為，國家為何有權力要求人民交代其私密生活。相較於刑事案件，民事案件對於通姦之認定較為寬鬆，也不必執著於性生活細節，較能兼顧當事人隱私保障，且所造成之侵害較小，以刑法處罰通姦者，應欠缺刑罰所謂之最後手段性。

言下之意，蔡法官亦認為通姦罪應有違憲之虞。不過，未能解決的問題是，通姦或外遇為何於道德上可議？於民事「懲罰」通姦者的基礎又是什麼呢？此問題，刑罰學者進一步之深入闡釋，下文會再詳細說明。

二〇一六年十月間，六位到立法院接受審查的準大法官們，有四位明確表示應將通姦除罪，二位立場保留，但是也傾向通姦除罪化。「婚姻不能用刑法維繫」，應該是這批新進大法官的共同觀點吧！晚近大法官的思維已開始轉變，關於通姦除罪化的觀點，將迥異於以往大法官的看法。通姦刑罰與婚姻不再交集的新時代觀，將挑戰人民普遍的傳統觀念，一場通姦除罪化的新舊派之爭，不可避免的將持續上演。

學者的觀點

在適當性上，通姦罪所要保護的利益，應該是透過廢除通姦罪的方式才能促使它實現。

——黃榮堅《逍遙法外：論通姦罪的除罪化》，二〇一三年三月二十五日台大法律系教授黃榮堅，算是實體刑法學的佼佼者，在二〇一三年發表一篇論文「論通姦罪的除罪化」，他的開頭文是這樣寫的：「這一篇文章是我在二十幾年前寫的文章，當時文章開頭的第一句話是『法務部目前正在考慮通姦罪除罪化的問題』，有趣的是，二十幾年的時間過去了，這開頭的第一句話到了今天還是一樣有效。」隔了二十幾年了，刑法教授的觀點沒有改變，但是「法務部」掌管法律大纛的主管部門，考慮了二十多年的「通姦除罪化的問題」，考慮的時間超乎異常的久，實在令人不解。如此諷刺文，實令人莞爾。

黃榮堅教授分析其中的原因，認為：「社會一般人對於感情這種東西的體認似乎不見得是比二十幾年前更清楚，當然更談不上說對於刑罰這種東西的體認要比二十幾年前更清楚。」這是什麼意思呢？就是說我們的人民、社會大眾，還是無法理解「不要用刑罰來處理感情這件事」。這麼多年來，人民認為「刑罰可以處理感情的事」，到現在還是沒有改變，以致於法務部不管法律觀點的正確與否，也順應「民意」迄今。民意為何認為刑罰處理外遇是對的？這才是問題的重點。

德國廢除通姦罪的三個理由

黃榮堅教授並以德國為借鏡，其表示西德在一九六九年時尚有通姦罪規定，保留的原因不外乎兩者：善良風俗之塑造與維護，以及國家重視婚姻制度之宣示作用。更甚者，因西德基本法第六條直接規定婚姻與家庭應受國家保護，當時立法者認為，如將通姦罪除罪恐怕將違反基本法之規定。以上所述保留之理由，也是贊成通姦罪之唯二理由，基本上，在德國贊成保留通姦罪的人，也同意通姦罪對婚姻關係之維持除了破壞以外並沒有什麼作用。

不過，德國在一九六九年仍然廢除了通姦罪，其中的理由主要有三：

第一，通姦罪的案件數量相當稀少，並沒有實際存在的意義。

第二，通姦罪的刑罰非常輕微，通常皆是以罰金或緩刑判之（此點與臺灣相當類似，則既然犯下通姦罪根本無須被抓去關，刑罰之存在性並無意義，似無異於類似闖紅燈受處罰的行為）

第三，通姦罪背後貧乏的規範意義。刑法修正委員會認為，通姦罪的告訴經常是出自於一種「卑劣的動機」，該卑劣動機，指的即是被害人的報復心態，或是基於金錢上的動機，該作法對婚姻的尊嚴及維護都沒有任何幫助。

該文提出一個問題，假如立法者預設：沒有通姦的社會最符合所謂的善良狀態，其根據是什麼？歷史證明，人類不管如何努力，都無法使通姦行為在社會上消失，在人們評估應付出何代價使通姦罪消失以前，是否應先思考，直接認定沒有通姦行為的社會就是善良風俗的社會，是否正確？而且，恐有循環論證之嫌。

法律之目的不在維持一段沒有感情的婚姻

至於通姦罪之另外一個理由，亦即婚姻及家庭制度應受國家保障，其概念是否正確？黃榮堅教授認為，國家如要透過某一手段來維護婚姻和家庭制度，前提是該手段必須有效，但現實證明，通姦罪非但無法保障婚姻，還可能破壞婚姻，因此該理由並非正確。一般人以「夫妻間互負忠實義務」作為合理化通姦罪之說法，並以比例原則檢視通姦罪存在之合理性。他認為，通姦罪之目的「婚姻關係之維護」內涵，應是指夫妻之間緊密且良好的關係，該關係仰賴彼此間的感情基礎，該基礎無論為何，皆不可能透過法律達成。況且，法律的目的絕不在於維繫一個沒有感情基礎的婚姻關係，婚姻關係的好壞，和刑法可說是一點關係都沒有，刑法的介入反而對婚姻只有負面的作用，這才是問題的重點，若無法理解這點，老是相信法律可以決定一切事務，或是相信法律可以解決感情的事，只有傻瓜或偏執狂會相信這樣的看法。

黃榮堅教授並進而大膽地提出一個想法，他說一般人對於法律價值一直存在一種誤解，就是只要有通姦罪的存在，受害者就可以透過一直告下去的手段來使配偶與第三者屈服。問題是，一直告下去的意義在那裡？實際上，根本不會有人認為一直告下去的結果是幸福美滿的婚姻，包括受害者，也不可能從這一個過程獲得任何婚姻關係上的好處。假使有人認為，訴訟得以解決婚姻之不幸，這種想法無疑是褻瀆婚姻，在法律上，更沒有任何理由或基礎要求配偶或第三者必須放棄他們的感情與性自主來成就這一段被褻瀆的婚姻。也就是說，不能因為一個人結了婚，就要求他（她）和其生活中的其他第三方放棄自己的權利。所以他說當時德國刑法修正委員會才會講，這是一種「卑劣的動機」。婚姻若建立在財產利益上，或縱使有人認為通姦罪之立法目的在於財產利益，換個角度來看，民事法可予充分保障，通姦罪本身，並無法通過必要性原則之審視。

法律與感情不會有交集合

談到刑罰免不了要提及應報，配偶要報復外遇者，卻假手於國家的司法。假若討論到應報，前提是在刑法上這個外遇行為人，是可以被處罰的，應報只是被處罰而產生的效果，不是倒果為因，將報復放在前面，再來找可以被處罰的理由。無論是自由派的小法官或是黃教授的文章，都說明了通姦不具刑罰性的理由。如果不處罰外遇者，正義不得伸張，就淪為一種無理的口號，正義變成滿足私人報復的工具，這是那門子的正義呢？換句話說，感情已經談到報復了，不就好聚好散嗎？否則，刑罰一方面的目的說是維持婚姻良善關係，一方面又是報復另一半的工具，這樣不是很諷刺嗎？

感情的可貴，在於雙方真正的理解與互相的感受，絕非法律可介入的。誠如黃教授文末所言，人們應該真正去理解要追求的感情是什麼？追求的途徑為何？無論如何，強制的力量都無法使無情變有情，反之也無法使有情變無情。有情、無情，不會因法而變，所謂強摘的果實不甜，就是這種道理。刑法教授誠摯的結論，值得立法者深思：「希望我們的法律能跟得上腳步，使大家對感情的世界能脫離一種病態的認知。也唯有基於這種正確的認知，我們社會上一般人才會有更美好的婚姻」。

另一位刑法權威，台大法律系教授李茂生對於通姦罪存廢與否，下了最好的註解：「通姦罪只是象徵性罪責，象徵著『家庭是神聖不可侵犯』，外遇是關於人性與情感的事務，絕對不是純粹理性選擇，外遇不是法律所能制約！」

了悟法律與感情不會有交集合，所有問題都將迎刃而解。

雜亂無章的通姦罪判決

刑罰不能管制外遇

多如牛毛關於通姦的新聞案例，可以看出實務上關於通姦罪，不管在事實的認定或是法律的適用，都出現雜亂無章的現象。甚至是無以復加感覺有罪的案件，怎麼搞的，竟然還是無罪啊！關於通姦罪的構成要件，向來傳統的看法，認為是「兩性生殖器的接合」作為判斷基準，儘管有幾件非常少數的判決，認為口交之類的行為也屬通姦行為，絕大部分法院判決，還是認為通姦若非抓姦在床，很難成立。這樣的性行為是基於生殖而來，就是通姦要件的緣由。固然口交、肛交、協助自慰等婚外性行為，與生殖器的接合是很類似的行為，就法言法，很像性器接合不表示就是性器接合，大部分法官還是嚴守構成要件明確性原則，不會擴張適用的範圍。

以人民的情感作為維持通姦罪存在的理由

換個面向觀察，因本罪的要件，沒有像刑法第十條第五項定義性交（註：稱性交者，謂非基於正當目的所為之下列性侵入行為）：⑴以性器進入他人之性器、肛門或口腔，或使之接合之行為。⑵以性器以外之其他身體部位或器物進入他人之性器、肛門，或使之接合之行為），因此通姦行為，實務上不會擴大適用範圍，多認為還是以傳統性交方式，就是「性器官接合」作為判斷通姦的基準（註：有見解認為通姦不一定要性器接合，只要有破壞婚姻關係的性關係行為，例如口交、裸體共浴、肛交等，都可以認為成立通姦罪，這是從破壞婚姻面向作要件的適用，然而，在期待通姦除罪化的運作下，難得司法實務保守之觀點，卻反轉助益了通姦除罪化的實質效果，這種陰錯陽差，因緣際會的角色錯亂效果，確實是一種對法律的反諷，更令人為之一笑，也讓參與通姦案件的關係人，包括「被害配偶、被告、警察、檢察官、法官、律師」，都會有各自的無奈）。所謂要件的爭議問題，毋寧是給了法官消極抵制適用通姦罪的手段，換句話說，原本通姦除罪化是應該往前推進的，能夠找到一種不成立的理由，也是一種殊途同歸的方法，只是苦了司法人員及參與其中的當事人或關係人。

二〇一五年，法務部在國發會公共政策平台上提問「通姦罪應否除罪？」供民眾表達意見，大部分的網友是反對廢除通姦罪的。不同意通姦除罪，卻又維持高通姦率，這樣現象是值得不願廢除通姦罪者，相當的省思。二〇一五年，南韓憲法法院宣告韓國刑法通姦罪違憲，實際上，南韓也是經過數次釋憲，最後才達到通姦罪的違憲認定，這點值得注意。或許，有台灣的法官意識到這樣的現象，紛至沓來的釋憲案，相信是無可避免的。通姦罪的存否，在台灣一直引起爭議，似乎多數人民認為通姦罪需要存在，關於通姦罪是否要廢止，法務部才會考慮了數十年。人民的情感作為維持通姦罪存在的理由，這個國家的人民情感到底出了什麼問題呢？

世界因法律的存在而變得美好嗎？

有的人認為夫妻間的背叛，是不可承受且難以言喻的痛苦，不同意廢除通姦罪。人性無法通過道德勸說，只有法律的約束，才能制約人性，這是一種觀點。通姦罪作為抑止偷情行為的手段，根本沒有實證可言。情慾，不可能用實證來說明的。就好像殺人罪判死刑，也阻止不了殺人行為，死刑與嚇阻殺人也無必然的關聯性。要用通姦罪作為阻止通姦行為的手段，無異於緣木求魚，各式各樣的摩鐵林立景象，不就是正好驗證了這件事嗎？有認為通姦罪可以「維持性道德，維持夫妻忠誠義務，維護家庭婚姻的秩序」，所以有存在的必要。但是，參考本書前幾章節的論述，可以發現性、慾望、感情，在婚姻的世界的正向發展，是靠夫妻相互的連結與關係的維護，不是靠外力的強加相合。法律這種他律的方法，對於婚姻的維繫，完全沒有幫助，反而是種破壞。夫妻因通姦案對簿公堂，小學生都知道是對於婚姻完整性或美滿狀態的一種打擊，法律卻說通姦是維護婚姻美滿，難道法律的本質就是維持一種表象的假象，進而讓人們相信世界因法律的存在而變得美好嗎？

只有時間能修復情緒上的傷害

若說通姦罪的存在，是維持婚姻的方法，可謂不食人間煙火，與何不食肉糜有異曲同工的講法。通姦罪若是為了維護婚姻美滿，大概只能有嚇阻出軌的效能，但四處林立的摩鐵，已證明根本沒有效果。提告，幾乎婚姻就走完了。如此看來，合理的推論，通姦罪僅僅是為了報復出軌者。只是，刑法為了滿足配偶的不愉快，就必須大陣仗的介入婚姻領域，將大家的極度私密全部搬到法庭上去，有此必要嗎？假若同意報復，乾脆讓偷情者賠償大筆的金錢，會更能實質滿足配偶，因為情緒上的傷害，只有時間能夠修復，沒有其他的方法可以解決這種精神上的痛苦，就算上了法院，依據實際運作，沒有人會因此被關起來，通姦罪的最後刑罰，多以易科罰金或是緩刑收場，有誰在這場通姦官司獲得好處？答案是沒有的。至於外遇造成家庭破碎、子女扶養等問題，不是用刑法可以防止或是解決的，至於如何維持良好的婚姻生活，不是刑法管得到的範疇。

面對出軌一事，人們一旦拋不開情緒，忘不了怨恨，總是希望利用國家的刑罰幫忙出口氣，就算是道德事務，刑罰能幫的也是有限，更何況這種感情事，要用刑罰來管制，不管是理論或實務面向，都是行不通的。總之，婚姻核心要談到規範，只有自律始能完成規範上的任務。婚姻結束後的金錢、子女監護等問題，為了要有相當的標準可以處理，他律的民事法律規範或許是可考慮的。

凌亂的通姦罪判決

此種「鳩占鵲巢」行為除對告訴人而言是一大諷刺外，不免也造成告訴人感情上的難堪與傷害，是被告二人因工作關係「日久生情」所為出軌行為，與一般招妓或一夜情等「不帶感情只重感覺的性行為」不能同等視之。

——臺灣新竹地方法院九十九年審易字第六四七號刑事判決

你看得懂或認同這樣的觀點嗎？

通姦的司法實務，經常成為茶餘飯後討論話題，原因無他，有趣、矛盾、八卦、詭異，當然多數結論是令人噴飯的。之所以如此，除了通姦罪要件上認定的爭議外，通姦罪存在的問題多於不存在的問題，才會產生許許多多的奇怪現象。可以從林林總總的新聞案例，歸納出詭譎、怪異的結論，這樣就可以知道通姦罪的存在，帶來許多無法解決的問題及困難，卻製造更多的問題及困難。當然通姦罪存在的最大矛盾，就如同黃榮堅教授所說的：「通姦罪所要保護的利益，應該是透過廢除通姦罪的方式才能促使它實現」（註：大法官說通姦罪的合憲性，是因為通姦罪可以「確保婚姻制度之存續與圓滿」，這種刑罰維護婚姻論的觀點，是有問題的，「夫妻相告婚姻還可以美滿」嗎？大法官們也許是這麼認為的。）有鑑於此，整理一些新聞報導的實務案例，加以歸納判斷，就可以瞭解刑法通姦罪的技術性要件的認定，發生很大的爭議，例如就算是很瞎的抗辯，沒有證據還是不能判決有罪。

夫妻相告婚姻還可以美滿嗎？

觀察整個通姦案件的雙方主張或抗辯，會發現夫妻弄到這樣的狀態，這種婚姻要怎麼走下去呢？結局通常是就算外遇者沒有在一起，婚姻還是走到盡頭，如此看來，反正婚姻既要走到盡頭，何不好聚好散，談出個所以然。假若真的談不出所以然，至少，也是由民事庭的法官來協助如何好聚好散，而不是由刑事庭的法官，只談如何處罰外遇者，沒有實質助益婚姻結束後的各種問題。從下述的司法實務中，可以清楚的發現通姦罪刑罰本質的問題，也唯有從反省自身的糜爛，才能找到徹底重生的契機，否則，只會繼續增生無盡的巧詐與混沌：

㈠出軌成精者，對於通姦罪的抗辯，早就了然於心，司法實務關於被告通姦行為的抗辯，其類型可說是千奇百怪，從新聞案例可以整理出令人眼花繚亂的抗辯無通姦的藉口，讓人實在啼笑皆非，也顯示了「通姦與刑罰」，其間存在著無與倫比的混亂與矛盾，若不深思其中的問題，只看表象，還真是讓人笑到無言：

第一個、「捉姦衛生紙團是用來擦鼻孔用的」，不過送驗後發現有被告二人的體液及DNA，被判有罪。

第二個、被告男子說是飯店看A片打手槍，同行女子拿去擦嘴巴，這個法官也不相信，被判有罪。

第三個、有位醫師被抓到現場有個保險套，醫師抗辯是自慰射精測試保險套的舒適度。

第四個、被抓姦在床，男的抗辯「吃粽子、看DVD聊天、天熱裸睡、不知道為何下半身赤裸的與女方躺在同一張床」，女的抗辯「洗完澡忘了拿內褲，只穿背心摸黑上床，發現男的已在床上時，還來不及反應丈夫就衝進來。」

第五個、女的說拿熱狗塞保險套，放進另一個裝有男精液的保險套做成假陽具，放入陰道後，再將熱狗保險套拉出，讓精液保險套溢流受孕。

第六個、上摩鐵「洗髒腳」。

第七個、車震，辯稱是討論教會活動，以及「祈禱」；或是相約在車裡唱歌。

第八個、妻子護墊送驗，發現他人精液，妻子辯稱：「想結束這段婚姻，才向友人借精液，塗在護墊上，好讓他死心！」
第九個、男的載女的上摩鐵，因為肚子痛，去摩鐵上廁所。
第十個、呻吟聲是一同看A片發出來的，並沒有真的做愛。
第十一個、摩鐵裸浴練游泳，沒有性器的插入。
第十二個、上摩鐵請教牧師開導人生大道理。
第十三個、在摩鐵巧遇女粉絲，不是外遇。
第十四個、上摩鐵是為了選民服務，探查軍情。
第十五個、建築師帶女員工上摩鐵，觀摩衛浴建材。
第十六個、去摩鐵看書、看DVD，討論事情。
第十七個、天氣熱，去旅館吃海鮮。
第十八個、去摩鐵染頭髮。
第十九個、好奇地在摩鐵觀察保險套。

第二十個、上摩鐵吃吃東西聊聊天。

第二十一、上摩鐵泡腳抒壓。

刑罰的理性，性慾的非理性；刑罰的嚴肅性，性慾的非嚴肅性。無疑地，刑罰與性慾，都在這些奇特的抗辯中，出現了互相倒錯的現象，嘲諷著世人只會幹出一些愚昧的蠢事。

㈡在一個案例裡，太太出國經商，男子帶小姐回家同居，太太在浴室裝監視器，拍到洗鴛鴦浴的畫面，二人抗辯沒有性行為。法院認為監視器拍攝到的畫面，只有兩人「身體搖擺、下半身緊貼」等接觸行為，雖然違反婚姻忠誠，但因沒有拍到男女性器官接合的證據，不能證明兩人有姦淫的行為，判決無罪。

㈢男子與女子上摩鐵開房間，除了路邊親吻擁抱，雙方還發了這樣的簡訊內容：「那根是加熱棒，要放到裡面才有效」、「給你溫暖，我給你溫暖哦」、「如果真的發生的話，表示要生了，如果真的要養的話，反正我的，我不會拒絕」，男子太太提告，被告辯稱喜歡上飯店休閒，沒有發性關係，法院審理認為簡訊欠缺對話背景與情境，無法證明「姦情」，只能說親密交往侵害配偶權，刑事通姦不成立，但要民事賠償。

㈣一位職業是女醫師的孕婦，生產期間，其同為醫師之丈夫和護士有了曖昧關係。女醫師在男醫師電腦中，發現與護士搭遊艇的出遊照及一些清涼照，提告兩人通姦。兩人否認有嘿咻，先生及護士均表示，出遊是「同房未同床」。醫師抗辯雖曾對太太承認和護士有性關係，那是吵架時的氣話，只想讓太太知道與護士有密切連絡，欲利用此次機會結束此段婚姻。另外，離婚協議書中承認的外遇，且願意付給太太幾百萬元精神慰撫金，只是希望趕快簽立離婚協議書。而且，醫師被告表示所謂「外遇」，在他的認知是指「精神上的外遇」。護士的抗辯更有意思，同房是為了「省錢」，一人出一半房錢，是「同房但不同床」，並無性關係。偉大的法院，最後也以查無通姦鐵證，判決二人無罪。

㈤已婚某男，參加單車社團認識一女老師，兩人一起出遊，進而兩情相悅。男子把女老師當作性幻想對象，常寫下「沙發撫愛」、「喝醉撿回床」、「進裸泉」、「女僕裝」、「我很想征服妳」、「攀上妳的身軀貼合環抱」、「繼續上次未完成的偷襲妳的耳垂」等想像情境字句；女子則回傳「好想現在給你」、「很渴望你的身體」、「我覺得我們一定可以讓對方滿足」等曖昧訊息。某男的太太發現後，提告通姦，法官認為這些對話只能證明二人有曖昧關係，沒有辦法證明二人有通姦行為，法官認為沒有證據證明性器接合，被告二人最後通姦不成立。

(六)甲小姐與乙先生上摩鐵，甲小姐的丈夫錄到二人在摩鐵親嘴及說話的聲音，但法官認為這還是無法證明有發生性行為，親嘴不代表有性交，尚且現場沒有查扣到使用過的保險套、衛生紙等，就沒有性交行為的證據，判決無罪。

(七)甲男子懷疑被戴綠帽，透過徵信社拍到太太與乙男子親密摟抱、進出摩鐵的照片，提告通姦罪。乙男子辯稱上摩鐵是因有腸躁症，是去「上廁所」的！被告太太則表示與夫感情不睦，認識乙男子後，成為傾吐對象，僅只於好朋友。因乙男子有腸躁症，每次吃飯吃到一半就會想上廁所，加上她想找安靜的環境訴苦，所以才會一同去摩鐵，並未發生性關係；二人供詞一致，否認嘿咻。但是先生提出與太太的對話內容，內容包括：「為了做愛而做愛？那你們是純肉體的朋友囉？」「對！砲友！」、「你遇到他就開始變得很飢渴嗎？我也有給你啊！」、「我要怎麼說？我怕說出來有些話會讓人很傷心」、「做愛就像吃飯、睡覺，是人的本能。」檢察官認為僅從錄音對話，難以認定有性交行為，被告二人還是不起訴收場。

㈧這算是個抓姦在床的特別案例，已婚男子與一女子同宿旅館，太太報警抓姦，衝進房門，發現二人雖同床共枕，不過，男子下身光溜溜，女的全身包緊緊，還戴了口罩。太太對於「一個脫褲、一個戴口罩」睡覺的情形，雖然傻眼覺得太假了，但畢竟這就是現場的畫面。男子抗辯當日喝醉怕回家被老婆罵，才去旅館過夜，女子則抗辯當日生病，身體不適無力回家，所以去旅館過夜，儘管共床並未性交，檢察官則認為現場床單及衛生紙送驗，沒有發現精液斑，認定罪嫌不足。

㈨某律師到超商消費，與女店員工讀生邂逅後，發展成多次性行為的情人關係。律師娘發現此事後，提告通姦罪，律師娘甚至於開庭時，當庭揮拳重擊小三。類似元配打小三的事件，不一而足，像另件太太捉姦案件，發現小三是丈夫表妹，一氣之下，打了小三幾十個巴掌，小三也未提告。不過，其他案例，被抓的小三可不是好惹的，還是會提告傷害罪來制衡通姦罪的。

(十)妻子偷錄到先生和外遇者在車上的呻吟喘息聲，外遇者說：「流出來了啦，會弄髒車子……」，檢察官認為這種偷錄音內容屬不當取得，不能當證據，給予不起訴。

(十一)運將先生和小姐到摩鐵，被太太抓包，運將說小姐是他的熟客，天氣熱想找個涼爽的地方吃吃東西、看看電視，才開進摩鐵的，堅絕否認雙方發生性關係，因為現場沒有衛生紙或其他通姦證據，檢察官送了運將先生及小姐客人一個不起訴處分。當然啦，沒有抓姦在床被認定有罪的案例也是不少，類似：「傳送陰部乳溝等自拍照給已婚男」；「對談提及下體出血、小王自嘲很短，不能撞到子宮」；「對話內容小穴穴就是喜歡公雞、做太久了二小時」等等之類案件，也還是被判成立通姦罪；由此看來，只能說成了通姦的被告，回家擲筊吧！

(十二)一名水電工甲男隱瞞已婚身分和小三交往，沒想到事後被發現，小三執意分手，但甲男不願意，情急之下反綁小三，並以美工刀割劃小三的臉達二十幾公分，造成其神經斷裂，並強灌小三幾十顆安眠藥以防其逃走。事後甲男堅決否認犯案，並堅稱兩人是相約殉情，檢方後來以重傷罪起訴甲男，不過後來因小三顏面神經功能逐漸恢復，法院認定應不構成重傷，改以傷害罪審理。又因甲男願以五十萬和解，小三後來便心軟撤回告訴，本案便以不受理作結。

㈢甲男與乙女發生婚外戀情，被甲男妻發現，甲男妻裝大方表示：「如果愛她，我成全你們」、「請你暫時不要離婚，讓孩子有爸媽，我會祝福你們」。甲男與乙女發生性行為時，妻子甚至就在隔壁房。爾後，妻子反悔告二人通姦，法官認為妻子有宥恕通姦事實，依據刑法規定通姦經配偶縱容或宥恕者，不得告訴，判決本件不受理，只能說天下事無奇不有。

㈣四十歲甲男自從懷疑二十九歲年輕妻子外遇後，便四處在網路上尋找妻子通姦證據，嗣後於色情網站發現某部Ａ片女主角酷似妻子，還找來親友團鑑定，親友紛紛表示：「真的好像你老婆」。甲男愈想愈氣，於是狀告檢察官。不過，檢方將該影片送交調查局經辨識系統比對後，發現相似度根本僅有〇．一四一，婚姻搞到要由檢察官來鑑定自己的老婆，這婚姻靠通姦罪的刑罰來維護，說得通嗎？

㈤甲男結婚十年後，愈看愈覺得女兒跟自己長得不像，便偷偷帶著女兒去檢驗DNA，一驗發現女兒居然還真的不是自己親生的。追問妻子後，妻子坦承曾與同事一起到養菇農場工作，沒料到只搞過一次就懷孕了，甲男於是怒告妻子通姦。然而，由於本件自通姦事實後已逾五年追訴時效，檢方僅得予以不起訴處分。傻傻的過生活，不就一切沒事了嗎？知道真相莫奈何，對小孩、甲男、太太究竟有何好處？過往的罪過，若能隨風飄逝，一切安然；抱著怨恨的心，找尋表面的真相，罪過再飄回自己的身邊，好似自我的懲罰。

㈥同樣是多年後發現自己孩子並非親生的故事，甲男原本有一份收入頗豐的工作，因兩個小孩有先天性疾病，甲男便辭掉工作專心照顧孩子，妻子則是負責在外工作賺錢。甲男對於自己家庭主夫的角色也感到相當滿意，和兩個孩子的感情非常融洽幸福。未料某日，正就讀小學的女兒回家突然問甲男說，為何我的血型是A型，但你和媽媽的血型都是B型？甲男發現事有蹊蹺，便偷偷帶著女兒去驗DNA，果然女兒並非他親生的。他傷心之際追問妻子，妻子卻避而不答，他一時生氣說：「我看兒子搞不好也不是我的」，沒想到妻子居然依然沉默不語，甲男於是傷心地又帶著兒子去驗DNA，殊料晴天霹靂，兒子還真的也不是自己的。於是求助於律師，表示他不想跟孩子斷絕關係，但是想告妻子通姦並離婚，無良律師於是告知甲男可以提起否認之訴，確認孩子不是親生，這樣就有妻子通姦的證據，沒想到妻子一怒之下要求甲男未來不得再與孩子相見，而通姦也已逾告訴時效。如今，甲男經常想念兩個孩子，也只得偷偷與孩子私下見面。知道真相，伴隨而來是人生無盡的悲哀！

㈦已婚甲醫師和乙女合資成立公司，日久生情，乙女懷孕後，曾傳訊息稱「您的精液竄入我的胚芽裡」、「您的血您的種在我身上流動」，甲妻發現後，怒告通姦，雖然經DNA鑑定後，確認懷的不是甲醫師孩子，但法官發現甲醫師曾傳送電子郵件給自己的父親，內容稱「兩個老婆我都要，也都有職務執掌與分配」並提及原配必須放下成見，接納乙女和小孩。地院認定兩人曾發生性關係，判甲醫師及乙女各三個月有期徒刑，得易科罰金。

㈥前國大代表甲與好友乙之妻丙發生性關係，遭乙提告通姦罪，甲某堅決否認，法官從丙傳給甲某的訊息：「……被你硬上之後，我人生就毀了，出了事，還全部推給我，我的婚姻被你毀掉。」加上甲和丙曾開車前往汽車旅館，留下兩人裸露上身，僅以床單遮住下半身、互相依偎的照片等證據，法官認定二人確有發生性行為三次，判處六個月徒刑，合併執行一年二個月，可易科罰金，甲某總計遭罰四十二萬元，丙緩刑二年。

㈨遊藝場老闆和會計上摩鐵被老闆娘抓包，老闆坦承出軌，妻子選擇原諒撤回告訴，卻不放過小三，狀告妨害婚姻及家庭，會計辯稱和老闆上摩鐵純粹是談公事沒上床，且當晚是老闆約她談公事，因老闆突然肚子痛，想上廁所，才把車子開進汽車旅館，她沒有進房間，也沒和老闆發生性關係。法官認為，刑法相姦罪的成立需證明有性交事實，老闆曾拒絕作證，且供詞前後多有矛盾之處，證據只能證明進入汽車旅館，卻無法證明二人通姦犯行，判決無罪。

㈩這個判決的法官說：「……〇女明知〇男已婚，仍浸淫於性愛愉歡，未能自我約束而縱放情感與其相姦，不僅妨礙〇妻之婚姻，犯後還否認犯行，迄今未向〇妻道歉也沒和解，毫無悔意，因此依十四個通姦罪判〇女四月徒刑，得易科罰金十二萬元。」奇怪了，前面有位國大代表才通姦三次，就被判一年二個月，易科罰要四十二萬元，道理何在？難道此三次通姦的威力比那十四次的來得強嗎？

㈢甲女在丈夫的通訊軟體發現乙女子傳訊「好想現在給你」等語，丈夫筆記中也出現「狂野做愛」、「不脫瘋狂做」等字句，怒告二人通姦，甲男辯稱他只是寫下情境幻想，沒有踰矩，檢察官認為筆記與通訊軟體內容，只能證明甲、乙過從甚密，無法證明二人性器接合，由於沒有其他證據，又是不起訴處分。

㈢甲男和乙女外遇，二度被老婆捉姦，一審判決二人無罪，高等法院勘驗捉姦時的蒐證錄影帶，認為甲、乙二人內衣褲一起晾在租屋浴室，加上大樓管理員指證兩人雙進雙出，從來不走大門特意走地下室通道，成為兩人警訊時承認發生性行為的佐證，二審改判成立通姦罪。只能說，脫褲子共床，沒事；曬褲子沒共床，有事。法院認定通姦成立的標準，讓人理不出頭緒。

㈢甲警員辦案辦到讓被害的乙美魔女住進他家很長的時間，還經常一同出遊，後遭乙夫丙指控二人有染，檢察官最後認為乙女雖住進甲家，但乙夫未提出精液、唾液等二人性交的通姦證據，又是對不起訴處分。到底是家人還是情人？只有天知道了。但是，另案命運就不同了，丁男在家中清洗衣物，聞到妻子內褲有疑似其他男人的精液味道，只能說丁男真是好鼻獅啊！狀告妻子通姦，經鑑定內褲上的ＤＮＡ後，果真驗出精液反應，沒有住在一起，卻因內褲的味道露餡，丁男的獵犬鼻果然了得。住在一起沒事，不住一起有事，最安全的就是最不安全，最不安全就是最安全，難道這就是通姦罪的大道理嗎？

㈣有一件刑事判決的內容這樣說：「……仍與之在上址為相姦行為，此種『鳩占鵲巢』行為除對告訴人而言是一大諷刺外，不免也造成告訴人感情上的難堪與傷害，是被告二人因工作關係『日久生情』所為出軌行為【這也印證了婚姻大師羅素（Bertrand Russell）所言：愈文明的人，似乎愈不能和一個伴侶有永久的幸福。引自氏著《幸福之路》乙書第十章】，與一般召妓或一夜情等『不帶感情只重感覺的性行為』不能同等視之，且被告二人迄今仍未能與告訴人達成和解，均值非難而本應從重量刑，然而，本院另探求刑法通姦罪之立法意旨，乃在藉此避免夫妻感情破裂，促進夫妻雙方家庭及婚姻之和諧，所保護之法律上利益為婚姻關係（制度），本院認為此一觀念藉由《公民與政治權利國際公約》第二十三條及《經濟社會文化權利國際公約》第十條所明白宣示各國應有確保家庭及婚姻關係之機制，得到進一步的確認，惟告訴人與被告〇〇間之夫妻感情早已不睦而分居並洽談離婚事宜，此一感情『破裂在先』之事實，當不可能因本罪之成立而維繫於不墜，反因被告二人可能因此通、相姦行為的入罪而患難與共，甚而發展進一步的情愫，因而倘從重量刑，實已無法達成本罪之立法目的（至於論者認為通姦罪之處罰並無法達到保護婚姻制度此一法益之目的，充其量不過是在滿足婚姻受害者一方的報復心理而已，故倡導通姦罪應除罪化等主張，惟此係另一立法層次要解決的問題；又雙方民事離因損害及離婚損害之賠償，亦屬另一民事問題，均非本案量刑時所唯一審酌之事項）……以下省略」。這判決用 ICCPR 和 ICESCR 作為通姦罪的基礎，全世界史無前例，此判決曲解二公約文字，完全不懂二公約的內涵，所謂確保家庭及婚姻關係之機制，不是靠通姦罪啊！判決胡亂引述，堪稱一絕。

通姦罪的荒謬性

通姦罪的立法目的，所謂藉此避免夫妻感情破裂，促進夫妻雙方家庭及婚姻，全然是錯誤的講法，或至少是有問題的觀點。本判決內容，竟然將有問題的觀點與二公約扯在一起論述，混淆視聽，不知所云。此判決認為不帶感情的一般招妓或一夜情，與日久生情的出軌行為，不能等同視之，此新創觀點更加彰顯通姦罪的荒謬性，法條只說通姦罪要處罰，從沒有區分有感情的婚外性行為或沒有感情的婚外性行為，法官自行加上了法律所不存在的要件，用感情作為量刑的要素，相較於召妓行為，對帶感情的通姦罪予以較嚴厲的指責，但又說帶有感情的通姦，情愫既已生，若處罰太重又達不到立法目的，所以應該從輕量刑，前後論述，一整個亂七八糟。先天不良的通姦罪，加上後天不良的闡釋，不會因此負負得正，卻會愈來愈荒謬。

㈢還有一件刑事判決是這樣說的：「……如眾所周知，德國、日本等先進法治國家，甚至中國大陸，均認無法益保護存在而無通姦罪之刑事處罰規定，而美國也僅存少數相對保守州，留有備而不用之象徵性處罰圖騰規定（惟其存在有著侵害隱私權之重大憲法爭議，見邱忠義，以自主隱私權之侵害評析我國通姦罪之處罰，《輔仁法學》，第四十六期，頁八七～一五二，二〇一三年十二月），我國雖留有上開刑法通相姦罪之處罰條文，惟向來學界及實務界均以違反憲法比例原則或隱私權保障而批判其存在對法益保護之無效（黃榮堅，《刑罰的極限》，頁十二，一九九九年四月；邱忠義，前揭文；陳毓雯，〈通姦除罪化之檢討〉，《刑事法雜誌》，三十七卷六期，頁五十八，一九九三年十二月；鄭昆山，〈通姦罪在法治國刑法的思辯〉，《月旦法學雜誌》，一〇五期，頁二一八～二二三，二〇〇四年一月；官曉薇，〈通姦不除罪，女人是大輸家〉，中國時報，民意論壇版，二〇〇七年九月十四日），且主管法案之法務部亦已體察到通姦除罪化之呼聲，而在民國一〇二年十一月舉辦全國性之通姦是否除罪化之公聽會，以聽取及蒐集各方意見，足見此一處罰能否有效達到保護婚姻之目的，已非無疑，是本院兼衡上情，認為倘從重判處不得易科罰金之刑度，並無法達成本罪之立法目的，充其量不過是在滿足婚姻受害者一方的報復心理而已……。」，雖然本判決仍基於惡法亦法，未想辦法找理由拒絕適用此惡法，終究還是表達了對立法的不滿，說出了真相——「通姦罪充其量不過是在滿足婚姻受害者一方的報復心理而已」，循此脈絡，本判決就不可能說出通姦罪是維護婚姻和諧之類的鬼話，老子曾謂「和大怨必有餘怨」，通姦罪立法目的是背道而馳，違反自然的道理，立法、執法的失敗，造成不可勝數的問題，自屬正常。

本判決代表多數刑事法官審理通姦罪時的真心想法，只要通姦罪存在一天，司法實務關於通姦罪的笑話一籮筐，還是會不斷的上演。電視、報紙、網路關於此類八掛無聊的新聞，還是會持續攻占版面，因為「性慾隱私、司法荒謬」二大賣點，豈會在每天的社會新聞中消失呢？

六　自我選擇

山海之戀

妳在海邊

塵土飛揚的泥巴路，妳也不搗著點。通往海邊的小徑上，任憑那黃沙橫掃妳的臉龐。妳說太苦了，思忖大海可以洗淨妳情傷的淚痕，太天真了！

跑啊跑的，妳看妳跌倒了。

那清純素淨姣好的一張臉，碰著了地上的爛泥，水靈靈的眼珠早就溼的不成樣，紅潤潤的小酒窩竟被那黃泥給玷污了。用盡那僅存絲絲力氣，小手扶著大腿奮力地站起來，妳還繼續跑！

眼前，汪洋大海。

妳以為這無盡的水都是妳的嗎？哪怕是一丁點，都會要了妳的命，妳可不在乎，反正沒了愛情還要命作啥？傻子，妳以為妳現在還是自己嗎？妳現在根本是無心的人，沒有決定自己身體的權利，懂嗎？不懂，往回頭走吧！告訴妳，當妳的心回到妳的身體時，再回來海邊，妳會找到妳要的答案。

妳在山上

「哎喲，不要擔心，又不是小孩，會注意的。想這麼多，要真死在高山上，長眠我愛的地方，也算死得其所。」

「呸呸呸，講那什麼不吉祥的話，妳拋夫棄子啊？別忘了，有家庭要照顧。」

「知道啦，老是一些陳腔濫調。只有了無人跡的高山峻嶺，可以沉澱污濁的身心。遠離自然，我會恐慌啊！好友呀，不用掛心。」

要妳別往山裡面跑，就是不聽，一語成讖了吧！

說什麼百岳任逍遙，千山獨行，高山是我的家。

妳說生命總是無常的變化，執著伴隨著無盡的痛楚，在高山上能找到心靈的歸宿。

說得也是，妳對家人的愛，生活起居的照顧，一點沒少。想要獨自靜靜，犯著誰？唉，愛的無形重擔，壓得妳喘不過氣嗎？在山上，一切是那麼通澈清新，確實令人舒暢，去吧！

山闊路險，到那找人去。他們說找不著妳，也好。

妳去西藏看過天葬，心有所感。妳曾說過，天葬是種幸福。

妳說不管輪迴，僅僅想過好此生。山，一直是妳離不開的地方。總算，妳們永遠在一起了。嘿，等等，不能如此自私啊！山下還有掛心的人，等著妳歸來。

「不要再讓我哭泣，好嗎？你們不是說人要快樂過生活嗎？就當我是斷了線的風箏，淡淡的隨風飄逝在一個安靜的角落裡。」

算了，尊重妳的看法，人被綁了一世，到頭來又被裝進小盒子裡，來個最後的禁錮，夠慘了。終歸是妳的選擇，自由自在，祝福妳。

在往奇萊北峰路途中的懸崖下，他們說找到的那個人不是妳，是個男的。

這麼多年了，妳到底去那兒了？

自我選擇的愛

迷失，豈是渾渾噩噩無知者所獨享特質或權利。人生漫漫旅程，常常不是片斷理性所連結起的一條時間鏈，卻經常在突發奇想或是莫名感動的事件中，留下永恆的記憶。關於愛戀，總冀望在自我選擇下，抓住瞬間流逝又自由的愛戀，不會是一場束縛眾人的牽絆。

自我，無法驗證，人們能確認真正的我嗎？能找到確信的自我，也許就已足夠。還可以確認的是，他人所理解的自我，不會是真正的我。是否聰明的人容易找到自我？或許上天能給個答案，較愚者也許更謙虛的處世，可彌補先天的不足，一樣能發現自我。自我愛情的實踐與聰愚有關聯性的話，將是無的放矢，愛情來臨時，不會因聰愚優劣有所不同，歷史上的愛情故事，都是挑選過的素材罷了。愛情的酒如何被開啟了？無人能知，就算閱盡人情知多世事，還是找不出道理的。之後，為了現實生活的秩序，道理介入愛情後，就如佛洛伊德所述，激情的本我不能再駕馭著自我，唯有靠超我的智慧，始能壓制如此不可羈的原始本能。

愛情，就是這麼無理。拿科學家的愛情來說吧！通常不都是保守呆板的，不過，物理大師霍金的愛情生涯可不一樣。此外，〈孔雀東南飛〉的男女主角的悲悽愛情故事，既動人又發人深省。自我的實踐，刻劃了愛情的軌跡，從這位科學家與伴侶的關係，及古代封建愛情當事者的身上，看到了不一樣的愛戀，不同凡響的情人。

科學家的愛情故事隱含自我的選擇

繼愛因斯坦之後，能與其齊名的物理學家，非劍橋大學物理學家史蒂芬．霍金莫屬。一九四二年出生的霍金，是世上研究宇宙黑洞最有名的科學家，其論著《時間簡史》科普書，還有其關於宇宙大爆炸的理論研究，均享譽全球。他除了在世上擁有科學方面的鼎鼎名聲外，其和第一任妻子潔恩的婚姻愛情故事，真人真事改編成電影《愛的萬物論》，話題不斷，引人入勝高潮迭起的愛情故事，相較其科學上的成就，不遑多讓。霍金二十歲左右就讀劍橋大學時，在舞會認識了第一任妻子潔恩，一個是學科學的，另一個是學文學的，擦出愛的火花而後熱戀，沒多久，霍金被診斷出運動神經元方面的疾病，是一種肌萎縮性脊髓側索硬化症，俗稱的漸凍人症。醫生說活不過二年，潔恩因為深愛著霍金，沒有因此而離棄他，雙方結婚後，霍金不只活超過二年，還很耐命堅毅的活著，足證多數的情形，醫生的話大部分是不可信的，雖然病狀愈來愈差，到最後都需要二十四小時的看護，但隨著病狀及語言表達能力每況愈下，霍金的成就及名聲、財富卻隨之扶搖直上，讓人難以置信的天才生命歷程，霍金竟如猛哥的生育了三子女，可見愛情之偉大，霍金相當旺盛的活動力，由此可證。

從關於外形、身體健康等觀點來看，霍金是糟糕的，在霍金早期未成名前的那個狀況，潔恩願意和他生三個小孩，甘願照顧其前半生，只能說這絕對是一段真愛。只不過，這段畸男才子佳人的婚姻，伴隨霍金身體及心理上的異常，反應在生活上所造成的問題，另一半的日子是難熬的。潔恩終究抵不過內心的掙扎，與另一位男士有了柏拉圖式的愛誼關係。不過，潔恩還是為了維繫與霍金的婚姻，仍舊扮演著賢妻良母的角色，讓人驚訝，故事的發展，竟是霍金與身旁的看護伊蓮產生情愫，先搞了外遇，他繼而與潔恩離婚收尾，雙方並未由此交惡，這是難能可貴的。

然而，霍金最後還是和伊蓮勞燕分飛，卻仍然和潔恩保持良好的友誼關係，儘管潔恩已再婚了。之後，霍金的前妻潔恩於二〇〇四年出版了與霍金的婚姻生活的一本書（*Music to Move the Stars–Life with Stephen*.；霍金前妻回憶錄），內容諸多婚姻的埋怨與歡樂，可以這麼說，潔恩的外在條件，讓她能不離不棄這麼多年，照顧病人、先生、霍金，沒有真愛是辦不到的，當然霍金的風趣、幽默、聰明是吸引她的地方，一般人要是長的像霍金般模樣，又有身體殘疾，是否能讓美貌聰穎的女子，留在自己身邊照顧一生呢？不得而知。只能說，潔恩真的很愛霍金，一點不假，這種自我的選擇，可以想見，不會讓人生徒留遺憾；該放手時，也基於自我認知的選擇而結束，才不會讓彼此痛苦的過著下半生。

孔雀東南飛的悲戀故事

另一個故事的自我選擇，可沒這麼幸運了。元慎的〈離思〉，有道是「曾經滄海難為水，除卻巫山不是雲」，一生能有一次這樣的愛，算是不虛此生。後面故事的男女主角有這樣的經歷，但如曇花一現的愛情，不受時空限制的淒美，亙古讓人津津樂道。〈孔雀東南飛〉是東漢末年的一首敘事樂府長詩，是齣婚姻愛情的悲劇故事。描述廬江府的一位小官焦仲卿，依傳統之例媒妁之言，幸運地娶了賢淑慧中的劉蘭芝姑娘，後來，發生婆媳問題之事，焦劉夫妻無法爭取到婚姻中的自主權，只能任由焦母作主，劉蘭芝終為婆婆趕回家去，然愛情堅實不移，發誓終不改嫁，沒想到兄長三番二次逼嫁他人，蘭芝終於投水自盡，以示對社會風俗封建不尊重人性的抗議，且展現自我選擇對於焦仲卿永世不移的情意。焦仲卿也沒讓劉蘭芝失望，不久男主角也自縊庭院樹上。

原先，二人不是透過自由戀愛而成立的婚姻，是時代風俗民情的常態，很難有選擇權利，然而，當下焦劉既為連理，鶼鰈情深，可比自由戀愛的美好結果，基於自我的相愛所生如此美妙狀態，算是幸運的。可悲的事，竟然遇到個惡婆婆，蘭芝織素裁衣樣樣行，婆婆就故意嫌她，萬事不順其意，強迫兒子速遣賢妻還家，卡在中間的焦仲卿暫請老婆返回本家，他日再計相迎。莫奈何，劉兄長逼婚啊！此生情不移，天不從人願，僅以死相許，套句希臘之神息倫納斯的話：「早點死掉真是好事一樁哪！」

對於焦仲卿而言，能娶到如此滿意的嬌妻，亂點鴛鴦譜締結婚姻的年代，算是開心的。儘管沒有「婚姻自主性」，總有「愛與不愛的自主性」，若不願僅存形式上的婚姻，大可三妻四妾樣樣來。焦仲卿認知自己是認真的愛著妻子，老母因寶貝兒子被搶走而嫉妒、胡亂嫌棄，焦仲卿沒有因此跟著沆瀣一氣，自主性所生的摯愛，劉蘭芝是感受得到的，那種死生相許，並非緣於婚姻，是由於彼此間的愛情，就算婚姻休止，也無法阻止他們的相愛。這一點，當下無人能瞭解，等到他們二人殉情後，世人才知道他們真是偉大的愛情，凡夫俗子的親人們無法理解的，焦劉的親人們可還有丁點良知，終將二人合葬於華山旁，算是彌補逼死人的一種善舉，也讓有情人生不能成為「我們」，死後長眠成一體的「我們」的美好結局。或有謂以媽寶的觀點，認為焦仲卿不讓老婆回家，就不會發生憾事了，此觀點是否苛求？自行判斷吧！

說來，現代人在愛情的自由及自主之幸福，是難能可貴的。霍金與潔恩的愛，是現代的。仲卿與蘭芝的愛，是古代的。都同樣有著深愛的一段時光，只不過前者結局是好聚好散，後者的結局是來生再見。都同樣刻骨銘心，前者是基於身體殘缺衍生的問題，在天才的霍金遇到堅忍的潔恩，愛情還是發光了大半歲月，後者是基於封建禮教的偽孝，讓仲卿與蘭芝不能廝守終身，偉大的愛情故事只能流傳後世。

自由地譜寫自己的愛情故事

經驗證明，輕易得來的東西，總是不會那麼珍惜。假若是在肯定自我的追尋，這種自我的愛與性的選擇，是人性關於愛情價值的實踐，別人無由置喙。但無奈速食肉慾或愛慾的現象，常常僅是本能的發洩，既無道理，也不是感情或感性的表現，常常是迷失自我的，好似愛情也是沒有道理可言，其實不然。像霍金這種聰明頂尖之人都會開玩笑說：「女人才是我最難解的謎。」連他這種研究宇宙黑洞的天才，都會說出這種話，凡人在愛情中要找到自我，解開這個謎，還真要花把勁。

焦仲卿沒有本事讓太太留下來，他認清自己無奈造成的後果，明明可以是一樁幸福的婚姻，也是自我發展所追尋及理解的事，為何連一點點的快樂婚姻都難以維持？帶有贖罪的心情死去，好像是向已逝的太太懺悔。換個角度看來，觀諸焦劉的愛情哲學，活著沒有意義，死去才有意義，也可說是最後的美麗人生。如果可以選擇愛情，決定如何選擇的核心是基於自由、自我，終歸一句，所有的愛與性，沒有在自由、自我的意志下行事，會像是小偷般如鼠輩的生存著，只為了偷吃那丁點的食物而維持生命，不能大搖大擺的活著，豈不可悲，霍金才會說：「在我心中我是自由的。」

也許，譜寫自己愛情的故事，都應該大聲的告訴自己：「我的生命是自由的！我的愛是選擇而來的！」

自然狀態的生活

人在自然狀態下生活，生命是美好的。

法國大社學家涂爾幹曾經說過：「現代的文明比古代更為進步，但是不見得現代人過的生活比以前更快樂！」

迷失自我的出軌行為是不自然的

檢視涂爾幹的結論，若從追求人生的快樂觀點作為人生價值的方向來看，想必文明不會是關鍵因素。一路迄今的人類演化發展，到底是走自然之路？還是拼了命向文明靠攏？總是爭論不休的議題。傑克倫敦的《海狼》一書，或可看出端倪，就「知與無知」的文化觀點，提供很好的詮釋。終究，仍然沒有提供一個確切的答案。應該如下述所言，放眼未來，可以稍稍預期及展望，主張絕對如此或為必然的觀點，很快會被批判論者打入無底的深淵。早期盧梭的觀點，討論「人、文明與自然的關係」，提供一種自然狀態的想法，吾人發現人在自然的世界，意志得以悠游、自由，慾望得以自然的釋放，不會像是清教徒的節慾，也不至於讓慾望像脫繮般野馬，無法控制。或許，婚姻的自然狀態的消解，以致於無法認清自我，終歸喪失自我，迷失自我之下的出軌行為，在前述狀態下，是否合於自然之道呢？由此出發，無論就服膺或批判角度去討論盧梭關於人、文明、自然的想法，關於生活或婚姻的態度，會提供不一樣的思考。

如今社會的網路資訊，爆炸到難以置信的狀態，甚至可以說處於這種罐頭填鴨式資訊社會，人、婚姻、社會、國家所產生問題，從盧梭式懷舊觀點，或是懷舊式的盧梭觀點，都得以找到解惑良藥。

阻止文明前進，得以延緩人類被消滅的時間嗎？盧梭對於文明的看法，並非想盡辦法摧毀既成或繼續發展中的文明，其瞭解自然的可貴與難以維持，故竭盡心力去維護自然。對於文明的發展也是同樣的道理，關於不自然的文明必須義無反顧的對抗。「自然的文明」，就是將「不自然的文明」加以改變，回歸到自然的文明。僅僅就微觀處，看見盧梭在哲學基礎之外，也能為人類具體生活帶來解決之道。比較大的問題，何謂自然之道？在盧梭的著作當中，仔細深讀可以瞭解自然之道，這不會是大的問題，真正的問題是出於「人性」。因此，更進一步提出了自然狀態下的人，以解決對於自然之道的抽象性問題。

人本自然的生活

盧梭所論自然狀態之人，是指人的形象為幸福、快樂、健康的人，不懂得來自於文明的矛盾、壓力之不幸。如此對人性的解讀，或許太過真空。從他在社會《契約論》及《愛彌兒》的論述中，比較能看出他如何去看待人性及人的價值。盧梭所處那個時期，宗教一直處於主導學問的關鍵，正因為如此，難以真正找到人性及人的價值，容易出現頑固、偏執式的人性觀。百年後，尼采才會說上帝已死。於此，並非出於對神的不敬或是忽略未知的世界，反而要強調「人本的精神」，人與人才能進一步的連結。論諸人本的精神與宗教的精神，可如此看待二者，人本精神是正餐中的主食，宗教精神是正餐中的副食，都是很重要的東西，飽而無味不免可惜，有味而未能溫飽亦非目的論。更進一步去討論人的心靈，才能抓住人的價值，也許從主觀論點出發是第一步的想法。

盧梭認為人的心靈是充滿未決的二元論，追隨者從社會製造了人類的惡，亦即人天生是善美的，邪惡是社會作用的結果，無政府主義由該論點而出發。在這個地方，人性善惡爭論本無休，何苦汲汲覓尋一個答案呢？雖然說盧梭用了很大的心力去說明人性異化的壞處，以及如何從人性的異化逃出，避免在自然狀態下的畸形化，惟此觀點，從過去到現在，只能說是混沌社會中的一股清流，所謂清流也只能說是安慰罷了。近世紀風行草偃的共產主義異化論，雖說漸行式微，但終究曾經作為主流，而後可能成為清流。

盧梭在討論人性時，容易從外在的角度去觀察人性的世界，他會說人們拋棄了簡樸、平等的生活，追求財富、建立私有制度帶來了一連串的不幸，還有他說明人性的墮落在於貪婪和自私。更甚者，他認為社會不是不必要的，只是在人與社會互動的模組中，人們的任務是要重建社會，把它從一個使人類頹廢、腐敗的力量轉變成一種使人振奮高尚的力量。前論說明了他對人性的觀察，大都是由外而內的去探索，雖有其盲點，瑕不掩瑜，終究肯定其對人性的觀察。

對於文明與自然的觀點，必須建立在人性之上，這應該是清流與主流都有著的共識，不然廣告詞不會說：「科技始終來自於人性」！因為自由、平等對人有著重要的決定因素，故盧梭要求自由與平等，才能建立起符合人所需要的制度，例如雖然他說理想的政府應該是直接參政式的，現今看來是理想就是不現實，只能說是指導原則，可是不能實現。從前述觀察，轉回到婚姻世界，伴侶若能彼此保持自由、平等，不也是一種自然的狀態嗎？實際上，就因突破不了既有窠臼，始終讓人們找不回已經異化的人性，涂爾幹才會說古代人不見得比我們不快樂。人們都懂這些道理，那又為何不能擺脫異化的束縛？主要在於不自然的文明像是時代的巨輪，不斷的向前行，很少有人能擋著它，唯有多一點的人們，抱持著殉道者的精神去向不自然的文明相抗衡，始能找到當世及下一代的出路。

近代人性理論的三要素觀點

更進一步，必須由存在主義對人性價值肯定的觀點，去評判盧梭的論述，在近世的普世價值，人性的尊嚴是不容被侵害的，前述已經說明宗教精神的角色，雖然也是一種信仰，但是對於將人性尊嚴當作對人性價值信仰，寧願相信是更重要的事情。人要如何找到被尊重的價值呢，首先是從個體出發的個體觀點，再來就是人與人間關係出發的你他我關係。歸結起來，三個要素建構起人的形象，這種三要素觀點是近代著名的人性觀理論：第一是生命身體的完整性（生理上的完整），第二是自我決定的可能性（心理上的完整／自由），第三是適人般的生活（外在上的完整）。如此可以瞭解到，自殺是不被允許的，因為自我決定的可能性不能摧毀人存在的第一要務——「活著」。

在盧梭的時代裡，人本的討論沒有那麼精細，就他對人性的觀點的分析，看起來有一點打混仗，可是基本上，他對於理性主性的批判而建立起感性的人的價值觀，應予肯定。在那個專制的時代中，兒童、婦女等等似乎不能被當作「人」來看待，在後來的世紀，才會要解放兒童、解放婦女、解放什麼什麼的。例如說，有點水準的智者會說，兒童是小的成人，我們要用理性的道理來教導他們，因為他們有可塑性，是國家將來的棟樑，所以我們要如何如何教導他們；但是在盧梭的觀點，他認為兒童不是小成人，不能用理性來教育，他這樣的論點，迄今仍是暮鼓晨鐘的看法，兒童有他們的將來性及未來發展的無限可能性，絕對不是建立在他們的可塑性而去教育他們，罐頭教育更是徹底失敗的方法。也許盧梭沒有說的那麼精闢，但是其精神離現代人本兒童教育相去並不遠。其闡述自然人性的觀點，無論在當時或是現今看來，都相當有水準。

僅僅從他對兒童的看法，就可以導出他對於平等的熱愛及自由的尊重，相當難能可貴。不過，關於人性的討論，其對於慾望的說明並不完整，孜孜矻矻想要建立一個自然狀態下的人的形象，可是又說明人性異化之主要來源於貪婪與自私。另外一個觀點，從個人的角度出發，慾望是一個人活下去的動力，如何降低慾望才是相當重要的課題，並不是要消滅慾望。盧梭在此會用「貪婪」來加以說明，是值得深思及檢討的，在其論述中未完整說明，不是巧奪的慾望實現，非歸究於貪婪的心念，不應該被說成是貪婪。從他我的角度出發，自私是不對的，但如何發揮大公無私的精神，他也說得很抽象，或許他在公共意志的討論中，已經提供了較具體的答案，後人可以更深一層的去詮釋這樣的疏漏。

過度發展文明會戕害文化與人性

當瞭解人類看待自身應然價值面後，對於自然與文明間的關係可以找到更深刻的答案。現代的社會，是猛力追尋文明於極致，喜歡以人性的觀點去欺騙世人，採取一套重口味的論述。唯有蒙上一層符合人性的文明（實際上對於人性，不多作說明也不去深思熟慮的），才會被世人所接受。也因此才會到處充斥虛幻的社會價值觀，於此，不主張文明（暫毋論自然的文明或非自然的文明）全然的停滯或是不再發展，僅是要求人性必須真正的被考慮進去。就拿最明顯的財政觀點為例，當國家福利政策會影響到經濟政策時，通常的想法是不能讓福利政策拖住經濟發展，為何我們的國家或社會經常會有這樣的論調呢？因為對於已經式微的人性，習以為常，甚至文明人的另類講法就是沒人性的人。歷史的發展，讓人類有了無以倫比的文化，如果過度的發展文明，就是戕害文化與人性。懷舊主義是必要的，現代人不能體會簡單的道理，將盧梭的看法當作過時的古法來看，真的是將寶物石沉大海而不自知，就此觀點，有點像清末時期康有為與梁啟超對事物的看法，何為新何為舊？自在人心。

文明發展的動力來自於人類的慾望，壓低慾望是人們快樂的來源之一，不會從分配不均或是天生後天的不平等中而不滿足，也由此邁向快樂境界。將盧梭對文明的批判，應用在我們的國家政策或是個人日常生活中，都是可行之道，也不致於帶來悲觀的結果，基本上這種樂觀的保守進步主義，反璞歸真。大家常掛在嘴上簡單生活，行動派又有幾人？大家都知道人性異化的洪流很可怕，又不願意去對抗這股洪流，不快樂或是生活的不愉快乃屬自然。從盧梭之平等及人性的觀點下，應該稍稍得到一個小小的結論——「文明之路是停不住了，抓住人性卻是我們容易做到的，失去人性的文明與失去自然的文明，相信會是人類最大的災難！」

外遇只是像動物般的釋放性慾望嗎？

前面所講的內容，核心在於自然、寡慾，目的在於創造自然的文明。在婚姻的世界裡，何嘗不是如此？當事者如何去看待婚姻中的自我？隨著時間的進展，原本自然而然，就算愛的消逝或是淡化，情人仍然是情人，又也許由愛人變成家人，這都是自然的狀態，人在其中仍是自然的我。但是，若情愛最後消逝，愛人又未成為家人，這種婚姻中的當事者的異化狀態，類似前述不自然的文明。許多夫妻從年輕相愛到老，打拼賺錢，日夜努力不斷創造財富，若未能理解婚姻中精神關係重要性，或是在追求物質的過程中，自我都異化了，遑論與另一半間的愛的關係。喪失自我比什麼都可怕，如果不能確認自我價值，作出自由意志下的選擇，將是很可悲的。

再來看外遇行為，若是以「不得不」、「無法抗拒」、「婚姻不幸福」等等之類的原因，作為外遇行為發生的理由，不正是婚姻中迷失的典範。此話怎講？當瞭解自我，確認婚外戀是自我選擇，而非不得抗拒之類的爛藉口，另一半應瞭解自有其深層的原因。伴侶是否因此受傷害，這是一回事，外遇者的自我確認，又是另一回事，總之，事情沒有這麼單純。此種自我的確認，也許是婚姻自然狀態下的暫時異化（或是根本沒有異化），某種程度而言，婚姻樹仍有存活的希望，伴侶如何去面對，因人而異。假若外遇只是像動物般的釋放性慾望，這種缺乏人性的動物般行為，與禽獸何異？從某個觀點來看，外遇者不值得同情嗎？

林林總總從盧梭的觀點，巨觀看世界，微觀看婚姻及個人，會發現自然的狀態，是人們企盼又不可得，或是說人們慣用破壞自然去追求自然，如此矛盾的事，人們樂此不疲的一再重複而為。

對於外遇的人來說，什麼原因讓外遇的事情發生，已無關重要，重點在於外遇者與其情人，外遇者與其配偶，外遇者自身，這二層關係及自我，是否維持在一種自然的狀態？這是比較重要的。通常的問題，是在於非自然的關係加上破碎的自我，搞的婚姻內外一團亂，外遇者的配偶心靈受傷，外遇者的情人無法找到幸福，外遇者沮喪過著生活。當然，外遇者要用謊言來過一生，這是其選擇，只是，這樣不自然的狀態的人生及婚姻，像是飄飄盪盪的一團烏雲，變化為細雨飄灑大地，消失無蹤。也許，自然狀態下的人生及婚姻，就算像是天空中的一朵白雲，也該自由地在天上悠游，終歸萬里無雲萬里天，一片爽朗。

大自然的奧妙

大雨，一直下，一直下，一切都給下霉了。不停歇的落雨，把萬物都給沖刷去了，還剩下什麼呢？只剩下對你無止盡的思念，如果相愛是罪過，願無情的驟雨也洗去這段愛情。

陽光，一直曬，一直曬，一切都給曬乾了。不中斷的炙陽，把天地都給弄崩裂了，還剩下什麼呢？只剩下對你道不完的愛意，如果相愛是罪過，願咒恨的驕陽也蒸發這段愛情。

妳說不後悔作了選擇，人生畢竟是為自己而活，要活出個樣子，要活出個道理。不對唷，你提了一套愛情至上論，說隨時都會有愛情的血液在體內翻騰，一下東村俏皮小廝，一會兒西村浪漫小情人，惹得滿城風雨，不太好吧！還有，你對你老公怎麼交待？

又來了，可不可以不要和我說教，我很愛我老公，但我沒法和他做愛啊！要我怎麼辦呢？

你這個蕩婦，也沒要妳三從四德，只不過要妳謹守著一夫一妻的愛，人家是男人在外捻花惹草，怎麼妳是一支紅杏跑出牆呢？

這話奇了，我愛人犯著你嗎？我老公都不說話，你說個什麼勁。不過，話說回頭，愛人是很累的，你以為我只是在肉慾上打轉嗎？告訴你，別把我想得這麼膚淺，肉體的愉悅是因我的內心想這麼做，讓我的心自由才是更重要的。說句真格的，我從來沒有想過不愛我老公，想當初我倆是羨煞多少人的大學班對，他是才子金童，我嘛，不自誇是校園第一美女，好歹追我的也有一卡車之多。如今，在一起這麼多年，二人現在感覺，和當年初戀是那麼的不同，現在這層關係，已經不知道是不是愛了？說對我無怨無悔的付出，好像沒有這回事，說對我不好，又看不出來。反正，婚姻生活不就是這樣，到頭來為了小孩，為了經濟，為了面子。要不是看透了，我敢嗎？

我記得好多年前看過一部電影《五個女人與一根繩子》，這名聽了就怪吧！一根繩子和五個女人有什麼關係？難不成綁在一起？哎，就是這樣，沒錯。我不瞎掰電影的內容，我把電影劇情介紹直接一字不漏的轉給你看：「許久，許久以前的中國，女人社會地位極低，有五個女孩，同住一個村子，一起長大。

明桃，被迫面對自己不願意的婚姻；

愛月，看著奶奶七十歲大壽，仍不能上桌吃飯；

荷香，見到嫂子追求幸福卻被活埋；

桂娟，眼見姊姊為生兒子難產而死；

冬梅，得知姑姑因不能生子，被逼發瘋。

於是，這五個女子，決定去實踐未出嫁女孩的願望——「逛花園」，在「花園」裡，女人的地位遠遠超過男人。因此，這五個女子約好，就在九月九日重陽節一起上吊……」。

聽完這故事，你有什麼要說的？你會說現在社會都男女平等了，講這幹嘛，難道過去的舊封建、壞習俗，就可以是我出軌的爛口嗎？我大概都猜得到你會怎麼說我了。

不要將你的人生反射到我的身上

就算我一點都不在乎，還是要和你講清楚。過去的女人，像一顆顆的棋子活著，為誰而活？為主子而活。從父從夫從子，要這賢要那德，能夠自己長腳，恨不得跳出棋盤，怎樣都比被人擺佈來得痛快。去那都好，安安靜靜的，怎樣都好。現在的女人，也許不再為其他人而活，但要說平等，好像也不是那麼回事，不然政治上的選舉，為何要有保障女性的名額？為了爭取女權，那些什麼婦女團體、基金會之類，這麼多年了，還不是如火如荼經常上街頭抗議。還有還有，講到外遇就一肚子氣，男人最會搞外遇了，憑什麼和我說教。不要在這裡談男女平等，要說愛情之類的話，可以有一卡車的理論，說也說不完，我和你說的不是我的愛情理論，是我的感受與想法，這點要搞清楚。總之，我不要那根繩子，也不是什麼現代新女性。只是，我想要過自己的人生，這是我的選擇，不要再說我迷失了。其實，我很同情你，孜孜矻矻，辛勤工作，就這麼平平淡淡的過了一輩子，好像和老伴相愛，白頭偕老，其實根本沒有愛意，為了愛面子，難道只為喪禮時的訃文上面多個老伴的名字，才倖倖保留這段婚姻嗎？我只能說，同情你的處境，還不至於是五個女人與一根繩子般的難堪，不過，像是緊箍咒的人生，也常讓你喘不過氣來，想到這，對於我的批評，也不是說敬謝不敏，只是不苟同罷了。

不管站在男人女人的立場，看待世事，最後不就是回歸立足到人的角度。不要再說我了，應該說是我們。方才說了，我同情你的人生，這不是開玩笑的，談生命是嚴肅的，談生命的旅程是輕鬆的。我和你談生命，你就同我說教，我和你談生命的旅程，你還是同我說教。難道一定要將你的人生反射到我的身上嗎？

解開層層的枷鎖找到自我

每次談到自己的愛情，你總默然不語。說到別人的愛情，你就一副專家似的長篇大論，愛情哪來什麼專家？難道吃飯也要人教嗎？對我來說，愛情就像吃飯一樣，想吃什麼、要吃什麼，只有我自己知道，請不要教我怎麼去愛人，或被愛。當我覺得你幫我挾菜時，我感到窩心、開心，這頓飯吃起來愉快。我不想吃你挾的菜，叫你不要再挾了，你還是拼命的挾，這不是無盡的愛，會是很大的壓力的啊！什麼叫食之無味，就是這道理啊！在這樣的情況，挾菜的人覺得自己的關心被糟塌了，滿肚子怨氣，不願領情的更是有苦難言，強加給我的菜，是要如何下嚥呢？

人總是在不斷的矛盾下求生存，總是在解開層層的枷鎖中找到自我，愛情不也是人生其中一道枷鎖嗎？有的人很快就解開了，剩餘的精力可以專注在其他，人生得以開展。有的人終其一生，因為愛情而鬱鬱寡歡，有的是找不到鑰匙，有的是連自己的愛情鎖都找不到，要如何解開這把鎖呢？或許你會說，我不要愛情，那來的鎖？你行，你厲害，遁入空門你第一，心如止水你最會，凡塵愛你不動一念，你用你的空性、慈悲來看待世事，就算是愛情亦然，我佩服你，但是，我是我，我不是你，你是超人，我是凡人。

才說我是可悲的，又稱讚我是超人，不瞭解你說些什麼東西。好吧！說些超人的話。你說你不是新女性，看起來就是一副新女性的味道，有女權之聲的味道嘛，第一波的女性主義革命，爭取政權及形式上的平等，第二波的女性主義革命，爭取文化社會上的實質平等，近年來的第三波的女性主義革命，爭取後現代及重新詮釋女性物化、性的觀點。看來，你準備加入第三波的行列。噢，對了，愛情真的來了就順其自然嗎？人又不是動物，講到愛情，最後什麼談情說愛，還不是談到床上去了。說穿了，還是性愛來了就順其自然，出軌的男人女人都來這套。愛情、愛情，多少愛情被性愛給蒙蔽了。

出軌不就是性愛大亂鬥嗎？想要談戀愛胡亂做愛，那就不要結婚嘛，幹嘛找個人來傷害呢？出軌，另一半不難受嗎？不能管好下面的性器官嗎？難道家庭道德可以不顧了嗎？難道自我結婚時的誓言都忘了嗎？難道沒有自我約束的理性力量嗎？難道沒有通姦的王法管制嗎？難道要讓殷殷期盼父母歸來的小兒小女們失望嗎？難道不在乎大眾的眼光嗎？難道要讓老父老母在社會上蒙羞嗎？

啊！理性殺人喲！看過日劇《紙之月》嗎？夫妻之間，不是不講道理嗎？不是講包容與寬諒嗎？為何要這麼嚴肅的講這堆道理呢？很多婚姻專家都說夫妻講道理，會造成更多的問題，夫妻間的爭執，多以包容代替溝通，多以寬諒代替爭執。哎喲，這不就奇了。當要求夫妻間之相處平順時，理性主義就要退縮，當要求走出夫妻世界，實踐自我獨立的個體時，理性主義又要強出頭，這是怎麼回事？不是說，吾道一以貫之，人怎麼可以有二十四個比利呢？會有這麼多重的性格嗎？其實，也懶得說這些了。我想怎麼做，就這麼做。早年成長過程，我一直壓抑我自己，好不容易發現自我，你們就來阻止我。說說我的心路歷程，再來談談這一堆的難處。

別人的出軌理由，可能是家暴，可能夫妻長久失和，可能每天為錢吵架，可能另一半早就外遇了，可能是為了孩子保留一段空殼的婚姻，可能是一時情緒低落的迷失，可能是情慾的一時流洩，可能是無法自拔的肉慾強迫症，可能是臨老入花叢的好奇嚐鮮，或是五年都沒一起做愛了……。林林總總，有太多太多的理由，也許可以說，沒有太多太多的理由，這些是內心深處的理由，還是講給別人聽的理由？只有自己知道，大部分的情形，你只會站在大海的崖邊，狂吼著上帝或是叫著天神，說著心裡的苦，希望上天能理解你。這世界上，無人能理解你活著的痛苦，以為只要同另個男的女的做愛，就能得到歡愉，人生就會永遠沉浸在愛的世界裡嗎？稍有腦袋的都知道這是不可能的事情，我知道不管是否迷失的出軌，都要為自己的行為付出代價，每個人的際遇也又都不一樣，最後的結局都會不同，只是人們能否多瞭解，人在自我認知的情況，做了一些抉擇，這樣的抉擇過程，是否該被探查後，再來作判斷會比較妥適呢？都說人是理性的動物，卻在最激情時，忘卻自己講的話。尤其是帶有批判惡意的眼光時，很難期待有合理的對待。欸，花自飄零水自東流人從此沉默，愛有多重情有多濃只有自己懂，不就是這麼回事。

小時候，看著上一代不美滿的婚姻，又死拖活拖的撐著，只求自己早點長大，能脫離這個家庭，我要趕快建立美滿的家庭，才不要像他們一樣，女人家還能如何？家庭主婦就是最好的避風港了，找個愛我的人嫁了，人生怎麼樣也比待在那個家庭來得好。小時候的作文題目「我的志願」，根本搞不清志願是什麼，一心一意寫著，我的志願是要「組成一個美滿的家庭」，從此快快樂樂的過生活。一路成長過程，我處心積慮讓自己變成可能是三從四德的好娘子，盡量打扮得漂漂亮亮，還要多唸點書，這樣不就是氣質美女了嗎？講得自己都心虛了，終於唸大學可以脫離家庭了，說過了，大學時期追我的人不是一卡車嗎？這也算是我努力的代價吧！從小，我就知道男人愛美女，所以油炸的我少吃，太油的我不沾，讓自己的身體維持在有曲線的體態，讓自己臉蛋永保青春美麗，嘿嘿，這招很管用呢！我大學時期根本可以不靠家裡的經濟支持就可以活得很好，因為很多男同學都很照顧我。當然，我沒有亂來。不要太鋪張的過活，追求者眾，交通衣食照顧我者自然亦多。

戀愛時的濃情蜜意呢？

直到遇著我現在的丈夫，我終於瞭解應該像他一樣，做一個正直好人。然後，我卻發現正直好人有他的難處。說說他好了，出身望族的金童，從小就彬彬有禮，中西教育並重，學養自佳，父母也是那種謙和待人的好人。算是人見人愛的女婿典型，你覺得我與他會是一見鍾情嗎？算來，我是情場上的老手，也總是要趕快完成小時候的志願，不過，是他對我一見鍾情，故事才這麼展開。

記得，那天社團活動結束，他一直跟在我後邊，又不敢靠過來說話，就這麼跟著我的後頭走了幾分鐘，我快走到宿舍了，他才跑上前來說：「這有二個兔子形狀的橡皮擦，你不是有個小學的妹妹，送給她。」我還一頭霧水，連謝謝的話都還沒說完，這傢伙人就一溜煙的跑了。這情形還不明白嘛，剩下就看我自己囉。

下次，在課堂上，他還是表現的落落大方，是個人見人愛、個性和善、待人有禮的大男孩，相信當時有好多女同學是喜歡他的，我這個南部出身的鄉下人，再怎麼樣也都不會被她們當作是假想敵。世事就是這麼難預料，原來他早就喜歡我好久了，談戀愛後他才告訴我的。學期快結束了，他想把握暑假約我出去玩的機會，所以先從兔子橡皮擦開始，只是怎麼會這麼幼稚呢？還從我身邊的人下手，這算是拙劣或是可愛的手段呢？我沒有辜負他的好意，儘管當初沒把我視作假想敵的女同學們，後來跌破眼鏡的後悔，再向他說些我是多麼水性楊花的種種不是，他根本就不會相信，而事實上我也不是她們說的那種人。前面說過，才子佳人就這麼終成眷屬了，我也終於完成了我的志願了。

大學畢業後出社會工作，接著他去當兵，退伍回來後，接了家裡的生意，沒幾年我們就結婚了。他也算是不錯老公，我結婚前，期待他能對我忠厚老實一點，對我脾氣好一點，他也都實現的很好，生活也都很單純。公婆也算不錯，送了我們一棟房子，也省卻了婆媳之間的糾紛，我也算識相，表現得也算稱職的媳婦。

結婚志願完成，還要進行什麼個後頭的志願呢？接著，不就是生孩子。老大、老二接連著蹦出來了。我和他，還算是性福。然而，隨著時間的變化，他為了工作，不知怎的是身體累了還是心裡倦了，我們後來也很少做愛了，反正孩子也都生了，其實，我對做愛也沒有那麼大的性致，還好他也不是什麼猛男，不然，我可也受不了，這樣也好。只是，日子久了，婚姻好像只是有個屋子的地方，讓人必須在那兒生活，有夫妻有小孩，我把他們的起居照料好，他維持好這個家的經濟生活，每年假期都全家出國旅遊，才子佳人再生個小才子佳人，如此延續的生活下去。只是，我們不再談心了。回想我的父母，他們根本是不談心的，因為他們常常都在彼此的氣頭上，難得談上好話，直到一方走了，我才看到無奈的結束。不再談心這件事，就像羅馬不是一天造成的，他也算是聰明的人，也瞭解不培養夫妻感情，戀愛時的濃情蜜意將消失殆盡，會是有害婚姻的。

每個人都有一道自己解不開的陰影

他也發現自己出了問題，他告訴我從小他就是個乖孩子，一直到大學，就如我所知的，他表現出的一切，都是那麼讓人激賞，可是，在他內心深處，他一直有道陰影，或者是說有種揮之不去的想法。他從小就喜歡小動物，什麼貓貓狗狗都是他的好朋友，他一直覺得人吃動物是種很殘忍的事情，結婚前他就很少吃肉了，這總有回歸自然的想法，有時候到達一種讓人無法理解的地步，例如去一個不算遠又不太近地方，他總是要小孩和我與他一同散步過去，他會說節能養身，這時我穿著高跟鞋，小孩子肚子餓的不好意思反駁，不能說他不對，只能說人世間的好，真是一種相對性的好。他也常常作些冥想的行為，以此放空自己生活上的壓力。他的心性一直是純淨的，我也一直以為他的人生是圓滿快樂的，直到有一天他告訴我，其實這樣的生活壓力很大，我問他是那種壓力，他回答：「感覺無法和世人相處，這世上有太多的咒怨及爭執，儘管我們的家庭是平和快樂的，但是我無法忍受這樣的世界，除非我永遠活在自己的家庭裡，就這樣我的朋友愈來愈少，我只能靠沉思和自己對話，除了工作，我實在不知道和你說些什麼，實在是很糟糕。原來平常表面上是快樂的，黑暗來臨時才發現自己並不能享受孤寂，卻拼命的尋找孤獨。」我以為這是種談心，他只是點出問題，卻無法再深入解決問題，日子還是一樣的過了下去。

我終於明白，我和他在成長的過程中，都有一道自己解不開的陰影。然而，終究唯有自己能理解到底是怎麼回事，也無法對其他人說明白，深夜裡，這樣的自己更容易被看清楚。終於，我們變成淡淡的一家人。愛情，也在無法揮去自身的陰影情況下，逐漸的消散。於是，我更理解他，他也更理解我，除了理解也沒有過多的約束或是要求，仍舊是淡淡的一家人。

後來，我無法克制自己內心情慾的呼喚，應該說是我終於知道自己對於情慾感覺。這樣的自我，讓我更瞭解自己。我清楚的知道，自己不是要一段新的感情，也不是在一段新的感情裡找到性慾的滿足，而是說在一個情境裡實踐我的性慾，至於感情在這樣的反射之下，我看得更清楚。可是，我從來沒有一夜情。出於我的認知，我決定我的外遇。外人對我的道德譴責，看看我的上一代，我已經不在乎了。我的另一半，隱約覺得我的外遇，我說過，他的心是純淨的，為何他可以容忍我這麼做？我從來沒有問過。

我的小孩並不清楚這些事，我們的家，依舊是美滿的淡淡的一家人。

不說了，我已淚流滿面。對了，台北最近真的下雪了，大自然真的很奧妙。

尾聲　婚姻樹

婚姻樹，隨著四季的更迭，呈現出不同的風貌。說到這樹，沒有一棵樹是長得一模一樣，每段婚姻也都獨一無二。同樣地，在春天裡都會萌發出新的枝芽，小樹苗生氣勃勃，大樹則是炯炯有神；沐浴在夏日的金陽下，葉子閃閃發亮；秋風送爽，落葉沙沙作響；凜冽的冬日，儘管已落葉紛紛成枯枝狀，這棵婚姻樹依舊挺立在大地之上，等待春日的來臨。大自然的神奇，造就了無以計數的婚姻樹。

相遇，擦出愛的火花，結合愛情的種子。愛苗，經過許多的風風雨雨，多少個陽光的日子，無數個星辰的歲月，逐漸從小苗茁長成大樹。

栽這棵愛情樹，可不是這麼簡單的。適時的灑水、除草、施肥、抓蟲，小小的愛情樹苗，才能一點一滴的茁壯，抵擋大自然的考驗與侵襲，立穩樹根，屹立不搖。

終了，愛情樹枯萎。到底是缺水？缺養分？蟲害了？旱災來臨？豪雨成災？

你說：「我們不行了，真的，這段婚姻實在維持不下去了。」

「瞭解種樹、種花的道理嗎？」

你一頭霧水。

「一樁婚姻，一棵婚姻樹。種籽栽進泥土裡，看著它從土裡鑽出，喜悅油然而生，總算看到小小的成果了。繼續的灌溉，可不要讓它給渴著了。隔了幾夜，小芽邊竟然爬滿了雜草，非得除了這堆惡草不可。長了些嫩葉，又被這小毛蟲一口口給蠶食鯨吞，立馬逮捕這毛蟲大軍，流放邊疆。久久不見這愛情樹有長大的跡象，趕緊到農會弄些肥料，快吃、快吃，這樣才會長大喲！不是這樣去栽種你們的愛情樹嗎？怎麼啦！愛情樹死了嗎？」

你說要離婚。

「到底這棵婚姻樹只是枯了還是枯死了，你能分別嗎？如果這棵樹，只不過是缺點水，也許給點水就好了。如果這棵樹，只不過是缺了養分，也許給點養分就好了。如果這棵樹，只是爬滿了蟲，也許把蟲給抓光光就好了。每棵樹都要經歷不同的寒冬，或許有的樹無法徜徉在下一季的春風中；每棵樹都要在炙夏的烈日下度過，也許有的樹沒法享受到下一季的秋陽。究竟，這顆愛情樹的枯枝狀，是一種暫時的哀鳴？還是進入永不呼吸的世界？只有靜下心來，用自已的心，深深的體會，慢慢的觀察，才會找到答案。希望你捫心自問，這棵與眾不同的愛情樹，究竟是枯了或是死了？沒有人會有正確的答案，但至少你能比別人更清楚，更容易找到接近正確的答案。」

一棵棵婚姻樹，匯集成一大片森林。也許茁壯挺直入雲霄；或許無法再呼吸了，有的還是地底下的樹種子。森林裡，有著無數的婚姻樹，也總有無數的小徑，只要能抓住生命的感動，森林裡的一草一樹都是美麗的。無論如何，總希望你能自在安然的享受人生，就算走在杳無人跡的草徑上，也能找到新的方向。

僅僅是，衷心期盼你能明瞭，你的婚姻樹是與眾不同的，沒有一棵婚姻樹長得一模一樣。在結束之前，請好好想一想，此樹若僅葉落枯枝，未達根爛已死之階段，是否可以再給它一點力量，讓它能活起來呢？假若已死，也請你好好的葬了它吧！

國家圖書館出版品預行編目（CIP）資料

外遇森林—律師的婚姻哲學 / 鄧湘全著 . -- 初版 . --
新北市 : 斑馬線 , 2017.09
面； 公分
ISBN 978-986-94770-9-3（平裝）

1. 婚姻法 2. 婚姻倫理 3. 通俗作品

584.41 106014389

外遇森林—律師的婚姻哲學

作 者：鄧湘全
主 編：施榮華
封面設計：徐銘宏

發 行 人：洪錫麟
社 長：張仰賢
總 監：林群盛
製 作：陽昇法律事務所
出 版 者：斑馬線文庫有限公司
法律顧問：鄧湘全律師

總 經 銷：楨德圖書事業有限公司
地 址：新北市新店區寶興路 45 巷 6 弄 7 號 5 樓
電 話：02-8919-3369
傳 真：02-8914-5524

製版印刷：龍虎電腦排版股份有限公司
出版日期：2017 年 9 月
I S B N：978-986-94770-9-3
定 價：320 元